Ping Pong

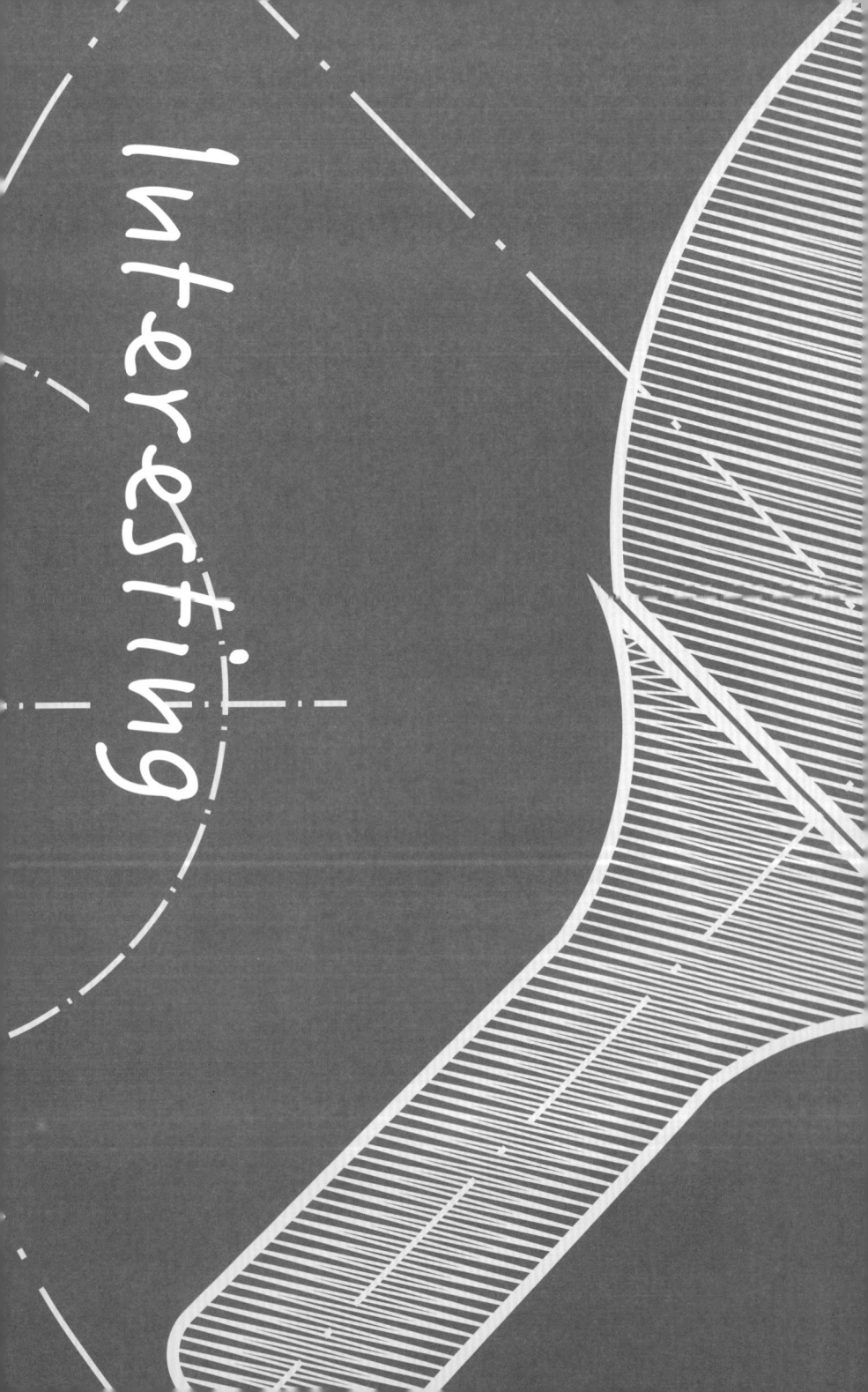

PING PONG
INTERESTING

乒乓球有意思

吴敬平 / 著

上海社会科学院出版社
SHANGHAI ACADEMY OF SOCIAL SCIENCES PRESS

吴指导说

♥ 在这个团队里,每一个教练员和运动员都会为了祖国的荣誉而奉献自己的一切,没有这个光荣的团队,就不会有个人的成功。所以在场上是对手、在场下是兄弟也就自然成为我们运动员的精神追求。

♥ 比赛的胜负取决于运动员技术特点的互相制约,谁把握了场上的主动权,谁就有可能取得比赛的胜利。当然,运动员在比赛时心态的变化也会起到决定性的作用。所以对运动员来讲,如何把比赛中的优势变为最终胜利是对他们最大的考验。在关键时刻打的不是技术,是你骨子里的东西。

♥ 能在心力有余的时候为团队培养更多优秀的运动员,是我最大的愿望、最大的快乐,也是支撑我的最大动力。

吴敬平

男,汉族,1954年5月生,四川省隆昌县人。1972年1月份进入四川省体工队乒乓球队, 1991年8月起调中国乒乓球队男一队任教练员,1999年获国家级教练员职称。在国家队执教的二十多年里,他不断学习和探索乒乓球的先进技术和训练理念,并坚持贯彻到队员的训练之中。

执教至今,为国家队培养了吕林、林志刚、马琳、秦志戬、王皓、陈玘、许昕、樊振东等世界冠军和奥运冠军。2016年里约奥运会之后,正式退休。2017年5月,接受返聘再次担任男队教练,现主管许昕、王楚钦等队员。

执教之余,常在专业杂志上发表有关乒乓球技术的文章,颇受好评。多次在国家体育总局乒羽中心举办的全国高级教练员学习班授课并指导。2008年出版《乒乓球直板反胶打法训练》一书,并多次重印。

爱好旅游、摄影、书法和烹饪。开通微博后,常在网络上与球迷进行互动交流,深受球迷们的尊敬与喜爱。

Ping Pong Interesting

Ping Pong INTERESTING

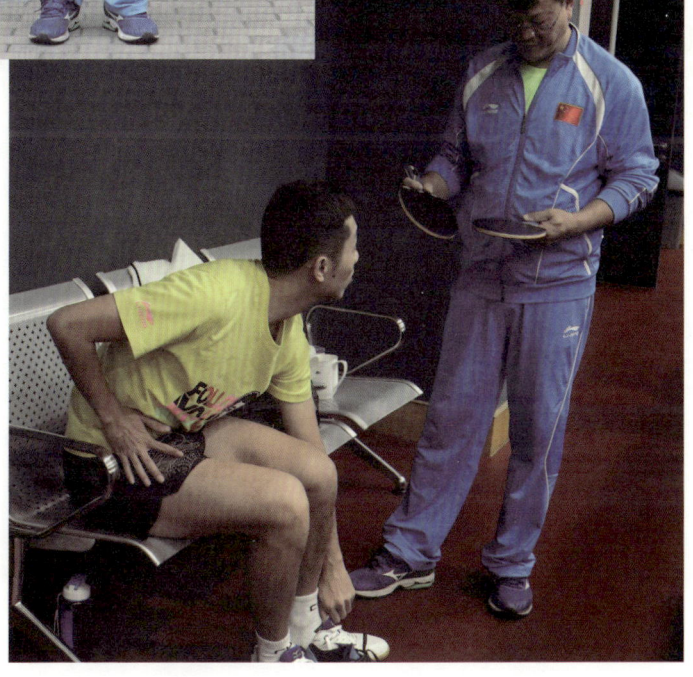

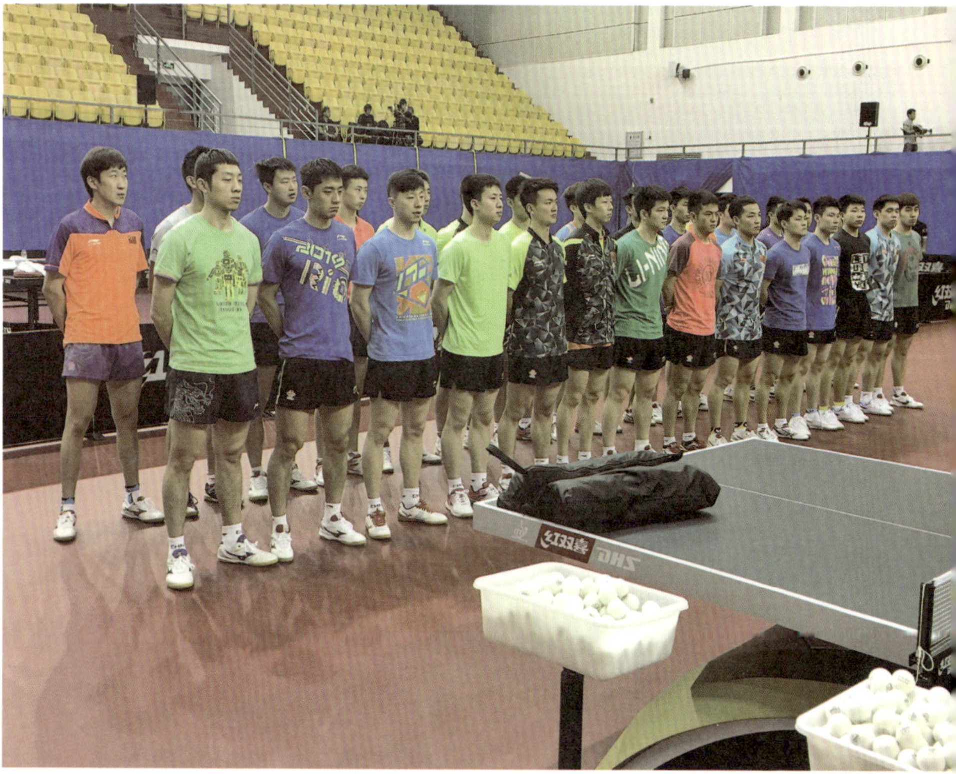

Ping Pong INTERESTING

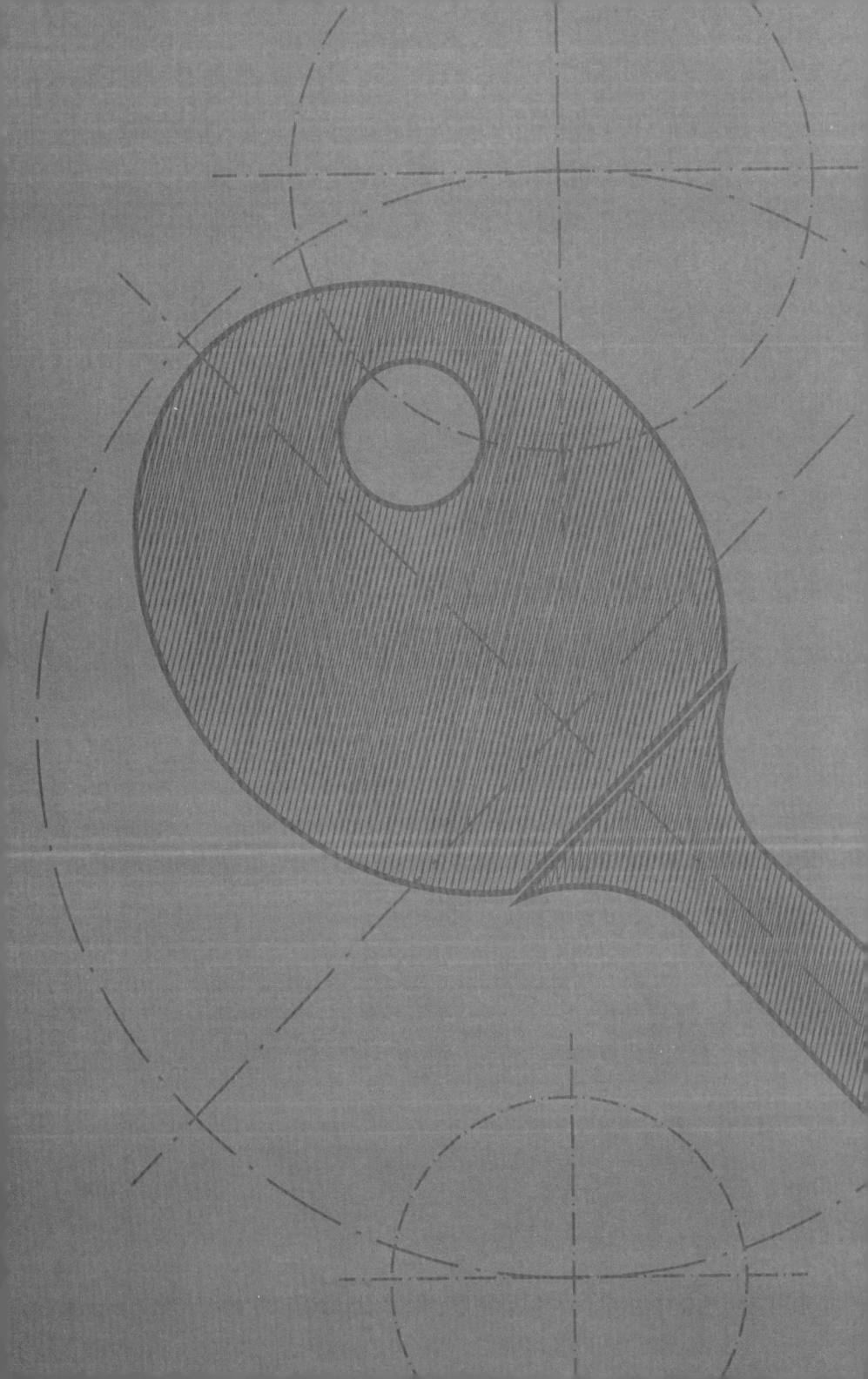

目录

关于作者

1 · 中国乒乓球到底有多强

19 · "神秘"的训练场

37 · "残酷"的技术发展

63 · "胖球"的规则与细节

79 · 吴指导与你看乒乓：近期精彩赛事点评

　　国际乒联世界巡回赛黄金赛卡塔尔站
　　国家乒乓球队杜塞尔多夫世乒赛选拔赛
　　无锡亚洲乒乓球锦标赛
　　国乒队 2017 世乒热身赛
　　第 53 届世界乒乓球锦标赛单项赛
　　经典回顾：2008 年北京奥运会男乒决赛

175 · "高手"的成长之路

　　马　龙　张继科　樊振东　许　昕　林高远　王　皓
　　马　琳　王励勤　陈　玘　王楚钦　郝　帅　方　博
　　周　雨　削球手

217 · 天赋、勤奋、一个懂你的教练

后　记

中国乒乓球到底有多强

中国乒乓球到底有多强

Q&A 2017年02月16日

 **问** 中国的乒乓球到底有多强？

答 中国乒乓球的强大最主要是由我们的体制决定的。举国体制，全国一盘棋。经过几代乒乓人的努力，形成了一条完整的生产线：学校体育（少儿班）—区体校（业余体校）—市体校（半专业）—省体校（半专业）—省乒乓球队（专业）—国家二队—国家队。由于我们具有高水平的不同层次的教练团队，能不断地帮助运动员从小打好基础，逐渐把他们一级一级培养，最终在国家队经过精雕细刻而把他们培养成世界冠军和奥运冠军。

而外国运动员更多是靠他们的运动天赋和对乒乓球的理解在打球，得不到高水平教练的指导，赶上一个是一个，所以在团体赛上很难对中国队造成威胁。在中国，教练占主导地位。在国外，运动员占主导地位，教练是为运动员服务的。这就是我国乒乓球强大的根本原因。

Q&A 2017年02月16日

问 教练好，乒乓球项目中全运会和奥运会相比，竞争更激烈。这个说法正确吗？

答 是的。不过，虽然全运会乒乓球比赛的激烈程度会超过奥运会，但对运动员来讲，奥运会是皇冠上的钻石，是终生的梦想。奥运会比的是运动员的心理，骨子里的东西，只要自己不犯错误，外国运动员很难战胜我们。但全运会大家都在一起训练和比赛。对每一个人技术的优缺点都十分了解，主力队员随时都会输球。而且全运会是检验省市队政绩的时候，各省市队都全力动员调动，每一次比赛都牵动着各方的利益。每一个运动员对比赛都是全力以赴。这时对运动员的精力、体力、心理都是巨大的考验。比赛的激烈程度有时会达到白热化。

Q&A 2017 年 02 月 17 日

问 吴指导，您好。日本乒乓球队正在全力准备东京奥运会，冲击奥运金牌，您觉得他们胜算如何？您觉得中国乒乓球队相对于日本球队的优势在哪，劣势在哪（如果有）？

答 自从日本申办 2020 年东京奥运会成功以后，就加大了对乒乓球项目的投入，希望在东京奥运会上能够向中国队发起冲击，打败中国队。实际上日本在乒乓球上的投入也收到了一些效果，涌现了一批年轻选手，对中国队造成了一定的威胁，也引起了我们足够的重视。但从目前日本队的人员组成来讲，在男线上没有能力和中国队抗衡，战胜中国队只是一厢情愿。在女线的人员储备上比男线要好一些，但由于年龄偏小，需要有一个成熟的过程。只要我们重视，战胜日本队还是很有把握的。男线的优势在于我们的技术领先，打法先进，经验丰富。劣势在于日本队是主场作战，带给我们队员的心理压力相应会大一些。只要我们重视，对对方的主场优势非常习惯，也起不到什么效果。女线的优势在于整体实力强于日本队，虽然日本队会对中国队有一定的威胁，但日本队存在致命的弱点。只要我们的队员把握好自己，足够重视，战胜日本队是情理之中的事。

Q&A 2017 年 02 月 20 日

问 吴指导，作为一项竞技运动，中国乒乓球选手之间的竞争"残酷"吗？

答 中国乒乓球队由于这十几年来技术都是处于领先地位，几乎垄断了奥运会、世界锦标赛的所有金牌。因此，国际乒联经常对参赛的名额进行限制，对参赛项目进行调整。目的就是要使更多国家的运动员能够夺得奖牌。奥运会的单打比赛参赛名额由三个变成了两个，以此保证有一个非中国选手能够拿到奖牌。世界锦标赛的参赛名额由七个变成了五个，增大非中国运动员拿奖牌的机会。因此，对中国运动员来讲，仅有的参赛名额远远满足不了中国队高水平运动员的需要，从而使队内的竞争变得非常的残酷。特别是奥运会，四年一次，仅有两个名额参赛。运动员的运动寿命有几个四年能够一直保持高水平？许昕错过了 2016 年的单打机会，2020 年还有机会吗？随着年龄的增长，技术不断进步，规则不断修改，年轻运动员的强烈冲击，一切都是未知数。于是只能靠自己的实力去拼命竞争。在四年之内，你的每一天都不能松懈，每一次比赛你都不能轻易输球，每一个竞争对手你都不能放过。逆水行舟，不进则退。你只有比所有人做得更好才有可能被命运眷顾。马琳的一句名言：愿用生命去换取奥运金牌。这是中国乒乓球运动员内心的真实写照。这残酷吗？！

Q&A 2017年02月20日

问 吴指导,您好,想问一下伤病相关的问题。运动员要注意哪些伤病,是否会因为赛程或者训练过于紧凑而导致伤病,伤病的导致与训练方式联系大不大,受伤以后用先进的治疗方法能恢复到之前的水平吗?先进治疗方法是否可以取代打封闭治疗?

答 乒乓球运动员的伤病,主要是在以下几个部位:1.肩;2.踝关节;3.手腕;4.腰;5.膝关节。出现伤病的原因很多。有些是可以控制的,比如因为训练的强度和动作不合理引起的伤病等。有些是不可控的,比如比赛中为了救球突然受伤等。运动员出现伤病以后,由于不可能完全中断训练来进行治疗,就必须边练边治,有时又会加重伤病,严重影响训练和比赛。但是目前在运动队治疗伤病的办法不多,主要靠队医的每天按摩治疗配合一些理疗器械,缺乏先进的治疗手段。所以运动员一旦受伤,恢复和治疗是个很痛苦漫长的事,很难在短时间恢复。情况严重就必须中断训练进行治疗。所以经常会看到运动员在大赛前靠打封闭来帮助伤病的恢复。所以,找到一种先进的治疗伤病的办法对运动员来讲就是最大的福音。目前还没有找到先进的治疗方法,上次小胖的踝关节受伤和张继科旧伤的治疗都是在探索新方法,效果比想象的好。

Q&A 2017年03月12日

问 吴教练，乒乓球国家队内的竞争很激烈，但总是给人一种很温馨的大家庭的感觉，教练组是怎么营造这个氛围的？讲一个特别温暖的故事吧。

答 在国家队这个光荣的团队里，从总教练到主管教练都是为了一个目标：在国际比赛中夺取金牌为国争光。在这个目标下各自做好本职工作，互相帮助，知识共享，从不计较个人得失，都以为团队尽量做力所能及的事情为豪。从蔡局到刘总教练，他们对工作的高度责任感和人格魅力深深地感动着我们每个人，使我们心甘情愿地为团队奉献自己的一切。虽然乒乓球队内竞争非常激烈，但并不影响教练员之间的关系和交流，知识共享是共识，不会因为竞争而形成恶性循环。

当年马琳、王励勤是多年的竞争对手，而我和施之皓的关系非常好。在最残酷的2004年奥运会双打预选赛之前，马琳/陈玘和王励勤/阎森的生死战即将展开，我俩还在开玩笑，今天我们都拿把刀，看是你把我捅死还是我把你捅死，但不管谁赢了，奥运会一定得拿冠军。比赛结束后所有在场的人为这场悲壮的比赛落泪了。

2010年世界杯，王皓和张继科参加，由于张继科第一次参加没经验，我把开准备会的时间全留给了张继科，陪他看录像，分析对手，制定基本战术。王皓一次准备会都没开，就靠临比赛之前交代几句，因为王皓经验丰富。在2009年至2012年间，逐渐形成了王皓和张继科之间的竞争，但我和肖指导关系也

非常好,经常和他交流张继科存在的问题,提出自己的建议,包括对方博、闫安的建议。

特别是刘指导担任男队主教练以后,队里每次封闭训练前都会拿出三天的宝贵时间进行运动员心理技术会诊,这是一个创举。大家畅所欲言,提出自己的见解,真正做到了知识共享。在封闭训练期间,每到晚上,大家会经常聚集在刘总教练房间,汇总一天训练的情况,讨论训练计划执行的情况,运动量的大小,有没有需要进行调整的情况。这形成了一个非常好的氛围,为团队和集体的利益贡献了自己的智慧。大家绝不会去计较冠军是你的还是我的,都是国家的。真正做到了知识共享,利益共享。这个团结强大的团队是我国乒乓球长盛不衰的胜利之源。

Q&A 2017年03月20日

问 吴指导,想问您一下国乒内部竞争如此激烈,队员们是如何做到场上是对手,场下是兄弟的?在比赛场上,前一秒还是面对面的单打竞争关系,下一秒就是并肩作战、相互鼓励的团队协作者,队员们是如何调节心态的?教练组平常在这方面都做了哪些工作,还有就是男女队员在这方面有什么不同吗?谢谢您!

答 这就是中国乒乓球队长期坚持爱国主义和集体主义精神教育的结果。虽然乒乓球是个人对抗项目,但当你站在国际赛场上,胸前佩戴五星红旗的时候,你就不是一个人在战斗,在你的身后是祖国,是乒乓球队这个团队。当你面对世界上任何一

个强大的外国运动员的挑战时候,你是为祖国的荣誉而战。 只有面对自己队友的时候,你才是为个人的梦想而战。 这种爱国主义和集体主义的精神已深入到每一个乒乓球教练员和运动员心里,教练员也从不把运动员当作自己的私有财产,而是知识共享,为每一个运动员的进步和提高而日夜操劳。 在马琳、王皓、马龙、继科、小胖、许昕身上,倾注了蔡局、刘指导多少的心血! 为他们每一次的参赛机会精心策划,为每次团体赛的排兵布阵绞尽脑汁、反复推敲,为每一场的比赛精心布置。 每个教练员都是为团体的胜利思考,绝不会计较自己分管队员的得失。

莫斯科团体赛决赛前的准备会上,经过教练组认真考虑,决定让马琳、马龙、王皓出场。 但在赛前的练习时我发现王皓状态不好,有点心虚。 我就及时地把情况反映给了刘指导,刘指导采取了应急措施,也亲自和王皓进行了沟通,在排名单的最后一刻决定换张继科上场。 当时女队已经快输了,无形中给男队增加了巨大的压力。 在这种情况下突然换人需要非常大的勇气和决心。 最后经过惊心动魄的战斗,男队拿下了比赛,获得冠军。 如果我当时只要有一点私心,就不会把王皓的情况向刘指导汇报,坚持让王皓上,历史有可能会为此而改变。 这是我第一次在世界大赛中遇到如此尖锐的个人利益与集体利益的冲突。 但当时我的第一反应是立即报告刘指导,没有丝毫的犹豫。 这是在国家队受教育多年的结果,我相信我们其他的教练员也会像我一样去做。 因为在这个团队里,每一个教练员和运动员都会为了祖国的荣誉而奉献自己的一切,没有这个光荣的团队,就不会有个人的成功。 所以在场上是对手、在场下是兄弟也就自然成为了我们运动员的精神追求。

Q&A 2017年03月29日

> 吴指导，你好。第一次向你问问题，望解答。嗯，可能大多数人都知道在里约奥运会，刘国梁跟队员说"奥运比赛赢一场是一场，输一场就是输一辈子"，针对这句话你怎么看，会不会给选手造成压力，不利于在比赛中发挥应有水平？

我非常赞同刘指导说的话：奥运比赛赢一场是一场，输一场就是一辈子。奥运会4年一次，是全球最大的综合性运动会，夺取奥运金牌是每一个运动员的梦想。正是由于奥运会4年一次，夺冠的难度就相当大，而运动员的巅峰时期又有几个4年？真是输一场就是一辈子。运动员在参加奥运会的时候都会面对非常大的压力，特别是乒乓球，拿第二就是失败。

2004年奥运会男子单打比赛王皓顺利进入了决赛，在赢了半决赛到决赛之间有一天半的时间，我一直陪着王皓，除了聊闲话，不敢聊一句有关决赛的话题，怕给他加大心理压力。准备会是蔡总教练和主教练刘国梁一起给王皓开的，完了代表团领导也亲自找王皓谈话，让他放下包袱，乒乓球已经拿了三块金牌了，放开去拼。可当时王皓仅仅21岁，没有大赛的经验，不可能没有想法。结果因为思想包袱太重，没有发挥自己应有的技术水平，输给了柳承敏，痛失奥运金牌。现在回头看，这是他唯一最有希望赢取奥运金牌的机会，错过了就是一辈子的遗憾。

我们在总结会上认识到：想让运动员在没有压力的情况下去比赛是不可能的。因为你代表着中国乒乓球队，代表着王者之师，在任何情况下你都不可避免地承受着巨大的压力，不管你承不承认。我们唯一能做的不是减压，而是在平时就必须不断给运动员加压，承受不了这种压力就只能退出竞争行列。当你平时有了这种磨练，真正在比赛中遇到巨大压力的时候，你就具有抗压能力，不会被压力压垮。所以在后来的比赛中，我们都是采用了平时不断加压折磨运动员，而真正到了比赛时再减压的方法，收到了非常好的效果。对运动员的要求是只要不输外国运动员就算是完成了任务，这时运动员就全都放开了。因为我们的训练能力和比赛能力远在其他国家运动员之上，只要我们自己不犯错误就不会输球。从 2004 年以后，奥运赛场上你们看到的全是中国运动员之间的决赛，外国运动员一点机会都没有。

Q&A 2017 年 04 月 17 日

> **问** 吴爸爸，刘国梁教练说，养了那么多年狼，狼终于来了。吴爸爸，可以科普下什么是养狼计划吗？对于乒乓世锦赛，国家队要如何运筹帷幄呢？

答 所谓的"养狼计划"，是中国乒协提出和国际乒联合作，帮助提高外国运动员技术水平的计划。

包含很多内容：

1. 国际乒联定期组织各国运动员到中国训练，由中国乒协安排接待。

2. 在卢森堡建立了中国乒乓球学院，定期派中国教练去组织训练和讲课。

    3. 对外国运动员开放二队训练，可以派队和国家二队进行共同训练。

    4. 开放中国的乒乓球超级联赛，希望吸引更多的外国运动员参与其中。

    5. 定期派国家队教练到国际乒联组织的教练员学习班讲课，等等，目的是缩小一家独大局面，推动乒乓球的普遍发展，使比赛具有悬念，更具有观赏性，吸引更多的人喜欢乒乓球运动。

    其实这次平野连续打败中国队三位主力队员是好事，暴露了女队由于长时间没有对手而放松了技术创新的问题。 女子技术男性化喊了多年，没有真正落到实处。 平野的突然出现，真实的威胁就实实在在地摆在眼前，技术落后就会挨打，对中国女队是个极大的触动，这样就会逼迫我们女队去创新。 从世乒赛的角度看，加强对日本女队的技术打法研究，有利于我们加大对技术创新的力度。 放下包袱，摆正位置，以平野为突破口，带动女子技术男性化的根本转变。 有了真正的目标反而能够激起我们的斗志，我相信我们一定会在世锦赛上打败日本队。

Q&A 2017 年 04 月 20 日

> **问** 吴老师，你觉得这次亚锦赛失利跟养狼计划有没有关系？ 亲手制造出强大的敌人是福还是祸呢？

答 这次亚锦赛中国队虽然拿了六块金牌,但女单三大主力连续失利,被日本队17岁小将平野夺走女单金牌,给人们带来了极大冲击,再加上马龙、许昕的输球,更增添国人了对国乒队的担忧。

马龙的输球纯属偶然,在保持了五年不输外战的战绩下,压力越来越大。主要还是对新球不太适应,亚锦赛比赛的分量不够,只是作为世锦赛之前的练兵,内心的调动也不够,从而导致了输球。许昕是还没有从奥运会失败的阴影中走出来,对战胜左手打法的信心产生了动摇,而导致了再次输给日本队左手运动员丹羽。

只有女队的输球和养狼计划有关,平野去年参加了中超联赛,虽然成绩不是很理想,但通过比赛学到了很多新的意识和技术,才会有机会连续战胜中国队三大主力。从伦敦奥运会以后,蔡局首先提出了第三次创业的设想,在这几年中也成为了中国乒协和中国乒乓球队的指导思想。目的是帮助其他国家的运动员提高技术水平,增加比赛的对抗性,改变一家独大、包揽金牌的尴尬局面,吸引更多的人来关注乒乓球,参与乒乓球运动,使乒乓球运动被更多的年轻人所接受。

我认为这是非常有意义的事情,一场没有悬念的比赛将会使金牌的含金量大大降低,也使观众索然无味。一个运动员的伟大一定也要通过对手的伟大凸显出来。我经常回想起43届乒乓球锦标赛我们在天津打翻身仗的场面,那是全国人民关注的焦点,不管是喜欢乒乓球的还是不喜欢乒乓球的。我国男队全体上下是同仇敌忾,一切为了打翻身仗。而体育馆则是座无虚席,锣鼓喧天,欢声雷动。老天爷也为之动容,一个个的惊雷惊天动地。而现在乒乓球队输球才是新闻,这次亚锦赛乒乓球转播高居央视收视率排名第一。赢球多了难免人情麻木,觉得包揽金牌自己玩,一旦输球人们"蓝瘦香菇",被"狼来了"支

配的恐惧下瑟瑟发抖。 独孤求败不利于乒乓球运动项目的发展，我非常赞同刘总教练在亚锦赛后的谈话： 一个狼来了不要紧，来一群才有意思。 来一群虎显英雄本色，武松打虎千古流传，武松打猫……你懂的。 "欧洲三虎"记忆已经很遥远，"亚洲三妹"却刚显山露水，期待在东京奥运会上打虎擒妹。

Q&A 2017 年 04 月 24 日

问 向 588 问个应该不太容易回答的问题： 假设在球员有足够的能力维持国家队主力地位并且主观上愿意的前提下，像继科和马龙这样已经功成名就的球员，教练组和领导会不会支持他们打到 35 岁甚至 40 岁以上？ 或是会优先考虑打造更多的大满贯从而给年轻球员更多的机会？

答 随着时代的发展，尽可能延长运动员的寿命是我国乒乓球运动发展的需要，只要你有能力和年轻运动员一样竞争，没有年龄限制。 特别是像马龙、张继科这样优秀的运动员，他们的存在就是年轻运动员的榜样，他们的精神和技术以及对社会的贡献就是对年轻运动员最大的激励，是当今球队的精神支柱。 他们的荣誉感、使命感、责任感和内心克服困难的强大力量对年轻运动员就是一种传承。 因此，我们的球队需要他们，他们也需要这个团队。 从历史上看，刘国梁和孔令辉的"双子星座"，"二王一马"的三驾马车，都是在相互的竞争中带领着男队走向一个又一个的胜利。 他们是作为相互对手的存在，他们给同伴

最大的激励和挑战。只要有一个人退役，另一个人就会感到孤单。"双子星"如此，"二王一马"也是如此。在他们相继退役后，已经形成了新的核心，他们的精神和技术都得到了传承。所以现在马龙和继科如何克服伤病，延长自己的运动寿命，对今后运动生涯的规划就显得非常重要，对我们的团队也非常重要。外国优秀运动员都能够打到35—40岁，中国运动员为什么就不可能呢？

Q&A 2017年04月28日

> **问**
>
> 吴指导您好！我想请问一下，为什么在役的乒乓球运动员结婚的比较少？别的体育运动，比如足球，很多运动员都是有老婆孩子了还在踢球，为什么乒乓球运动员这种情况比较少呢？是国家有规定，还是自己没时间？结婚对运动员有什么影响呢（好的和不好的）？第一次提问有点紧张，但还是希望吴指导能看见！

答 对于运动员结婚生孩子后是否还能打球，这是根据不同的运动项目特点决定的，也是根据运动队的不同要求决定的。国外很多乒乓球运动员结婚生孩子后还一直在打球，参加奥运会、世界锦标赛等各种赛事。但在中国乒乓球队这个环境里，结婚生孩子后再能代表中国队参加大赛的机会几乎没有，这是由中国队的整体实力强、人才辈出、竞争力非常强所决定的，不以个人意志为转移。在过去，国家队运动员之间是不许谈恋爱的，一旦发现会有一方被调整回省市队。随着社会的进步和开放，国

家队的管理更人性化，允许运动员谈恋爱、结婚，只要你能跟上技术的发展，有能力站住脚，都是允许的。我个人认为：乒乓球运动是个人运动，对运动员要求很高，特别是在中国乒乓球队，只能赢不能输。需要运动员全身心地投入，在非常残酷的国际、国内的竞争中，你只要有丝毫的懈怠就有可能被超越。谈恋爱是非常美好的，年轻男女天天在一个馆里训练，自然日久生情，结婚是爱情的结晶和归属，但这些都需要付出时间，付出感情和精力，因为恋爱而影响到运动成绩的教训比比皆是。而且运动员的青春非常短暂，运动员技术的高峰期也非常短暂，如果因为谈恋爱、结婚影响到自己的运动成绩和运动生涯，当你回首的时候一定会留下遗憾。所以我在管理我教练组运动员的时候，都一直告诫他们晚点恋爱，把事业放在第一位，处理好恋爱与事业的关系。可是管不住呀，他们全是地下党。我现在又告诫小胖，在东京奥运会之前绝不能分心，要努力实现自己的追求。希望小胖不会成为优秀的地下党员，我坚信这一点。

Q&A 2017年04月28日

问

吴爸爸，乒乓球队内部竞争很激烈，大家都很厉害，尤其像小胖这样非常优秀的年轻运动员，他们的脱颖而出势必会对像继科、马龙、丁宁、许昕这样已经取得优异成绩的"老"运动员造成很大的冲击，继而就出现了如何延长运动寿命这一关注话题。因为本身他们还是有很强的业务能力的，可是因为年龄的问题、伤病的增加而不得不做出退役的无奈选择。请问您怎么看待延长运动寿命这个问题，运动员该如何延长运动寿命？期待您的回答。

答 运动员如何延长运动寿命，是随着乒乓球技术的发展而必须面对的问题。当一个优秀的运动员在达到运动生涯的高峰以后，随着年龄的增长和伤病的增加，怎样才能使他们保持高水平、延长运动寿命是摆在我们教练组面前的重要课题。国外运动员不存在这个问题，只要他的国家没人能超过他，世界排名一直在其他人前面，就可以一直代表国家参赛，直到自己不愿意打为止。而中国乒乓球队不行，你必须面对年轻运动员的挑战，一旦被超越就很难跟上时代。

像继科、马龙都达到了自己运动生涯的高峰，现在又面临许昕和以樊振东为代表的年轻运动员的冲击，如何面对东京奥运会的激烈竞争，保持高水平的竞技状态，是他们俩必须思考的问题。我认为他们必须对东京奥运会有个规划，自己的目标是什么，怎样保持领先的优势；其次是如何克服伤病。由于新球的使用，对体能要求越来越高，在大运动量训练以后，恢复体能的速度越来越慢，受伤的可能性也在增加。怎样处理训练与伤病的关系需要根据自身的情况周密安排。再就是合理安排运动量和训练计划，好钢用在刀刃上，提高单位时间内的效率，追求质量。有选择性地参加比赛，减少次数，提高参赛质量，要参加就要进决赛，保持取胜的欲望和自信。其实说到底，要想延长自己的运动寿命，最重要的还是取决于自己的目标，有了坚定的信念才有动力。打打看就说明信心已经动摇了，很难调动自己的潜能。由于现在运动员出成绩的年龄越来越晚，运动寿命越来越长，继科、马龙还处在运动生涯的中后期，只要不受伤病困扰，目标坚定，完全有能力在东京奥运会再创辉煌。

"神秘"的训练场

"神秘"的训练场

Q&A 2017 年 02 月 20 日

问 吴教练,都说专业队的运动员很辛苦,但就乒乓球运动员来说到底有多辛苦? 能给介绍下吗?

答 中国乒乓球队的运动员是需要刻苦训练的,因为他们肩负的担子很重,只能拿冠军,第二就是失败。他们每天的训练量(技术训练+身体训练)是一场比赛的5、6倍左右,一场比赛大概45分钟。每天的训练量是技术训练200分钟、身体训练60分钟、加班时间40分钟左右。每次大赛前的封闭训练中,基本上是一天三节训练课,上午90分钟技术训练、50分钟身体训

练。下午60分钟技术训练。晚上110分钟技术训练，再普遍加班40分钟。对于许昕、小胖，还要求他们每天早上6：30起床进行35分钟发球、接发球训练。由此可见，我们运动员的训练量是外国运动员不可能完成的，一分耕耘一分收获，不考虑其他因素，仅仅是这一点看，比赛胜利的天平自然倾向中国队。

Q&A 2017年02月23日

 请问男女乒乓球训练方式技巧有什么不同吗？

男女运动员的训练方法有着巨大的差异，这是由生理条件决定的。男子技术代表的是凶狠、快速、大范围的跑动，其中以正手进攻的杀伤力为标志性技术。而女子技术代表的是正反手技术的均衡，相持能力为女子的标志性技术。

男子技术代表世界乒乓球技术发展的方向，今天的男子技术就是女子技术的明天。女子技术男性化，虽然有了很大的进步，但远没有达到预期的目标。主要表现在：1.强侧身进攻使用很少；2.前三板的争抢中突然性和落点意识差；3.很少看见中台两面进攻的技术；4.主动进攻直线少，主动左右摆速多。其实女子技术男性化更多地是在技战术中融入男子技术的意识，根据每个运动员的技术特点去融合。我没有训练女队员的经历，只是从训练理念上讲应该朝这个方向发展，敢于创新才会有新天地。

Q&A 2017 年 02 月 28 日

问

吴敬平指导您好，之前围观时您的回答时看到一些三段统计数据。我想向您请教一下，现在国家队关于技战术分析是有专门的科研人员，还是利用软件得到数据？您又是怎么在赛后第一时间得到这些数据的？

答

现在国家队每次的封闭训练都有专业的科研团队，人员主要来自国家体育总局科研所、上海乒乓球学院、北京体育大学。他们会根据队里的要求进行科研分析和专题研究。每个主力队员都有一个科研人员跟踪，按运动员的要求进行针对对手的比赛技战术分析。现在国外运动员也学中国队，对中国运动员都有专门的技战术分析，欧洲运动员对中国运动员的分析都是共享，只要发现漏洞，所有人都这么打你。有的技术分析会通过软件来进行。现场分析是人工，要求快捷。

我这次回答问题时的数据都是通过对每一分球的详细记录、比赛结束后进行归纳得出的。我很少采用三段法，主要采用发球轮和接发球轮的分析方法，看运动员比赛是在哪个环节出了问题，然后在出问题的环节去找哪个技术点出了问题，这样比较简洁快速。这都是教练员的基本功，知道该怎么去分析对手。但分析只能是了解对手，能否抓住是运动员的能力。我在这次比赛中做技术分析，是想让球迷们能够慢慢看懂比赛，知道怎样去看运动员技术的发挥。以后你们都会从专业的角度去看比赛，欣赏他们精湛的技术，为他们打出的每一个好球喝彩，体会到乒乓球比赛的魅力。

Q&A 2017 年 03 月 16 日

> **问**
>
> 吴指导你好！ 打扰您了，一直很好奇国乒队的封闭训练，感觉纪律要求仿佛高三的住宿学校，计划性极强，这样的封闭训练主要是针对运动员哪些方面的提升呢？ 一般作用效果明显吗？ 在这期间有什么故事可以分享吗？

答 每到大赛之前，国家队都要离开北京前往乒乓球训练基地进行封闭训练 40 天左右。 目的是让大家都能摆脱事务性的打扰，安心投入赛前的训练。 在封闭训练期间，对主力队员要求非常严格，会给他们制造各种困难折磨他们。 而且训练量非常大，训练的质量、密度、强度都超过了平时的训练。 我们每次封闭训练都要按档次列出主要对手，进行针对性训练。 一天两节训练的时候，晚上还要看技术录像进行业务研究，分析主要对手的技战术特点。 所以，通过封闭训练，参赛队员都能够得到全方位的提高。 由于大赛当前，参赛运动员还会根据自己的目标加大运动量，经常加班加点。 我们训练最大的量是一天三节训练课。 伦敦奥运会之前的封闭训练，我每天早上 6：30 带着小胖出早操训练发球、接发球时，都能看到张继科的身影，让我非常感动。 每天那么大的训练量，一天三节，早上还坚持出操，晚上加班。 身上有伤，打了封闭接着练。 我看到了继科身上的狠劲和对奥运冠军的渴望。 在里约奥运会之前的封闭训练中，马龙的竞技状态非常好，队内比赛无人能敌。 刘指导担心马龙在奥运会比赛中一旦遇到对手的顽强抵抗，心理会起变化，所以在封闭训练中加大了对马龙心理抗压能力的训练。 在队内

比赛中多次进行 5 局 3 胜的比赛，参赛队员一律 0∶2 落后，第三局 2∶5 落后的情况下进行比赛，只能赢不能输，输球还要受惩罚。其他队员自己报名，挑参赛队员。结果马龙不管是谁挑战都没给机会，都非常艰难地拿下比赛。正是有了这样特殊训练的磨练，马龙才具备了在比分落后时保持心理稳定和自信的能力。在奥运会比赛时还真出现了这样的局面，马龙对韩国的郑荣植就是在对方打疯了，大比分 0∶2 落后的情况下实现了逆转，最后夺得了梦寐以求的奥运单打冠军。从这也看出刘指导对运动员的深刻了解和运筹帷幄的大格局。

Q&A 2017 年 04 月 06 日

问 吴爸爸，我想问一下，国家队是从什么时候开始有封闭训练的？是怎么形成这样一个训练机制的？所有的一队队员都会参加吗？世界三大赛中，似乎只有针对世乒赛和奥运会的封闭训练？关于封闭训练地点的选择又是怎样定的呢？谢谢吴爸爸！感恩！比心！

答 我是 1991 年 8 月到的国家队，之前的情况不是很了解。我到国家队以后，在蔡局担任男队主教练时期，每到大赛之前都会到河北正定乒乓球训练基地进行为期 35—45 天的封闭训练。从 2005 年开始男队更多的时候是到厦门进行封闭训练。进行封闭训练的主要目的是离开北京，减少一些事务性的干扰，让全队在一个相对封闭的环境里安心进行系统性训练。训练的人数根

据比赛的需要来决定，大概在 25—30 人之间，除一队队员以外还会根据打法的需要从二队或省市队临时抽调一些队员参加。一般封闭训练都是为了亚运会、奥运会、世界乒乓球锦标赛，其他的比赛基本上不会进行封闭训练。封闭训练必须在经过中国乒协认证的具有训练条件保证和后勤保障的训练基地进行。目前经过中国乒协认证的乒乓球训练基地有：河北正定乒乓球训练基地、厦门乒乓球训练基地、黄石乒乓球训练基地、宁波北仑乒乓球训练基地、成都市乒乓球训练中心等。另外还会根据比赛的需要，选择一些没有经过中国乒协认证，但能够达到我们训练目的的一些地方进行封闭训练，比如深圳市龙岗、广东中山、广州市体校等。

Q&A 2017 年 04 月 22 日

问

吴爸爸，封闭训练开始了，王皓、马琳也正式开始了自己的男队教练生涯，这几天感觉他们适应吗？还有，封闭训练一直是神一样的存在，作为球迷也想知道训练究竟是怎样的，能简单说一下吗？

答

马琳、王皓从这次封闭训练正式开启了国家男一队的教练员生涯，他们的运动员经历会给他们的教练员工作带来非常有益的帮助。从这几天的训练情况看，他们非常投入，训练非常认真，虽然目前队员的分配还没有最后定下来，但他们都是很主动给运动员进行指导，每天多球训练都是练到最后，加班加点，很

令我感动。平时还非常主动来和我交流对运动员训练方法的意见，他们身上的责任感让我非常欣慰。

封闭训练是在大赛前进行的集中训练，队员在 30 人左右。目的是进行强化式训练，排除一切干扰，进行大运动训练。训练的强度和密度都远远超过了平时的训练，并加强对主要对手的技战术研究，进行针对性训练。同时对参赛队员专门进行心理和意志品质的磨练，突击解决参赛队员存在的技术问题，加大体能训练，为大赛储存精力和体力以及技术能力。由于时间集中，训练的密度、强度大，对抗性强，因此每次封闭训练结束后，运动员的综合能力都会得到非常大的提高，对今后一年的训练比赛都会起到决定性的作用。

Q&A 2017 年 04 月 25 日

问 吴指导您好，想问个比较业余的问题，好多球迷对深圳封训萌萌哒的 40 分钟吃点心时间感到十分好奇，每次封闭训练都会有吃点心时间吗？都是什么点心啊？麻烦您了！

答 一般我们在封闭训练时，经常会安排大运动量训练。大运动量训练的安排就是每天三节训练课，上午、下午、晚上。在下午和晚上训练课之间，安排了吃点心的时间而不是正餐。这是因为下午和晚上的训练时间很近，如果下午训练结束后吃晚饭，就会严重影响晚上的训练。因为吃饱饭后需要时间消化，人跑不动，等基本消化了再训练，时间就拖得太晚了，会影响第

二天的训练。运动员现在都非常习惯比赛和训练前不吃东西。如果下午训练后吃饭会跑不动，不吃会影响晚上的训练，会没劲。于是就在这之间安排一个吃点心时间，以补充一些能量，保证晚上的训练质量。所谓的吃点心就是快餐食品，比如面条、面包、稀饭、馒头、咸菜、酸奶、饮料之类的食品，稍微吃一点就行。到晚上训练结束后再吃晚饭，晚餐一般都在 10—11 点之间。运动员可以，我们教练员就受不了，每天晚上 10：30 左右吃饭，吃完饭就准备睡觉，体重直线上升。估计马琳、王皓会胖一圈，他们唯一的办法就是少吃或不吃晚餐，或吃点水果，才能保证不胖。团子就是这样产生的。

Q&A 2017 年 04 月 26 日

问

吴指导，您好！您最近一次发的视频中在给许昕进行多球训练，请问多球训练主要是针对什么？我观察了一下您大概发出了八十个球，许昕正手上台 29 个左右，反手上台 31 个左右，上台率有关系吗？最后非常感谢您对许昕的帮助！

答 你还真是细心，把每个球都统计了。

多球训练现在已经被全世界的运动员所采用，多球训练的目的，是加大训练的密度和强度，减少捡球的时间，使单位时间内的效率最大化。多球训练分为两种方式：一是由教练员直接发多球。这种多球训练方式的好处在于被训练的运动员的击球密度很大，对加强运动员的某一个环节能起到非常好的作用，特别

是对运动员的基础训练有很大的帮助。但它的缺点是不够实战，教练员发的球发得再好，和比赛中球的弧线和旋转的变化还是有差距。二是多球单练。就是教练员在旁边发球，运动员进行训练，区别在于不用捡球。它的最大的好处在于和比赛能够紧密地结合，教练员可以根据对手的技术特点设计训练套路，反复进行训练。在强化基本技术的时候能更加实战，达到比赛的强度和实战要求。比如小胖的反手技术由于击球质量很高，难度很大，失误率也很高，只有通过多球单练，加大训练的密度，增加数量的堆积而产生质变。在高质量基础上的衔接，一旦掌握就是技术先进，掌握不了就是无谓失误。这种多球训练方式是我多年来非常喜欢采用的训练方法，收到了很好的效果。

　　昨天给大家发的微博多球训练，是多球训练中进行的极限训练方法。每天35分钟多球训练后进行极限训练，要求运动员在两分钟内连续击球不能停止，目的有几个：1.练运动员的意志品质，当你胳膊都抬不起来的时候靠你的意志品质去顶，决不能放弃，尽量保持动作的完整。2.练运动员的心肺功能，一般情况下一组极限训练下来，运动员的心率会在180—200次/分之间。对运动员在比赛中连续奔跑击球的能力有非常大的帮助。3.练运动员的快速反应。左右摆速时教练员发球的节奏非常快，在两分钟内训练快速反应能力，精力高度集中，尽可能减少判断失误。王皓在运动员时期练这个极限训练的时候，几乎每个球都能正确反应，打不打得着是另外一回事。所以每次封闭训练结束后，运动员的整体实力都会有很大的提高。

Q&A 2017年04月26日

问 吴爸爸，您在深圳封闭训练的典型的一天都是怎么过的呢？ 只帮许昕、小胖练球吗？ 还有哪些特别的事情吗？

答 封闭训练对教练员和运动员都是一次很大的考验，非常辛苦，需要付出很多。 运动员需要付出精力和体力，努力提高自己的技术水平和综合能力。 教练员需要付出脑力和精力。 在帮助主力队员训练的时候，需要针对对手的情况进行分析，组合训练特点，使训练能够做到有的放矢，有成效。 在训练年轻队员的时候，需要付出精力和耐心，去帮他们解决技术上的问题，由于主要精力放在主力队员身上，只能通过补课的办法去帮助年轻队员提高，所以在精力上需要付出很多。

在三节课训练的时候，我的一天是这样度过的： 早上6：30起床到训练馆，带年轻队员练发球、接发球、反手技术的强强对抗。 7：40结束，吃早餐。 吃完饭回到房间练书法，写两张纸。 9：15集合训练，技术训练90分钟，指导主力队员训练。然后运动员是身体训练60分钟。 12：20午餐，中间休息。15：30集合训练，技术训练70分钟结束，17：20吃点心。19：00集合训练，技术训练110分钟。 结束后继续给主力队员补课或年轻队员补课，到22：10左右结束。 虽然感到很累，但队员信任你，需要你关心和指导他们。 能在心力有余的时候为团队培养更多优秀的运动员是我最大的愿望、最大的快乐，也是支撑我的最大动力。

Q&A 2017 年 04 月 27 日

问 吴指导您好，我想问一下封闭训练中的业务学习指的是什么，会给队员们带来什么帮助呢，是大家一起学习还是分开学习呢？

答 业务学习是每次封闭训练中非常重要的环节，我们有专业的科研团队，对主要的外国运动员进行技术分析，使每一个参赛队员都做到心中有数，知道对方的技战术特点，在训练中进行针对性训练。 另外，科研团队会根据每个参赛队员和主管教练提出的要求进行个性分析，主要是对自己难打的对手和不熟悉的对手进行技术分析。 业务学习分两种形式，一种是全队一起学习，分析对象是几个最主要的对手，就是第一集团的对手。 还有一种是分教练组学习，根据教练分管队员的主要对手和难打的对手进行技术分析后的学习，包括比赛录像，然后在训练中进行针对性训练。 一般情况下全队一起学习的时候多，在不安排全队学习的时候分教练组自己看。 现在这种科研方法已经在全世界范围内被采用，外国运动员也通过录像来技术分析我们的队员，也许大家都在看同一场比赛录像，就看谁的科研水平高，比对方看得更深更透。 这次在亚洲锦标赛上，看到日本的女运动员在比赛交换场地的时候都会看自己的笔记本，上面是平时的科研成果，记录着对手的优缺点，说明日本队具有很强的科研实力。 所以，在比赛之前对对手的技术分析和研究就显得非常重要。

Q&A 2017 年 05 月 16 日

> 吴爸爸您好，请问外国体能教练和中国体能教练有什么不同？我记得去年女排奥运的时候也请了外国体能教练，吴爸爸能否介绍一下这位外国体能教练巴特尔（还挺帅的，哈哈）。

随着体育运动的不断发展，体能训练越来越被我国的各个运动队所重视，因此体能教练也就应运而生。国家体育总局为了满足各优秀运动队体能训练的需求，和 AP 团队签订合约，派出各种专业的体能教练、康复师，以及通过其他渠道聘请外国体能训练专家到各国家队任教。巴特尔教练就是其中一员，是专门为乒乓球队的需要而特别聘请来的波兰的体能训练教练。巴特尔教练原来是个柔道运动员，退役后投身体能训练，成了一名体能教练。这次到乒乓球队担任体能教练是个短期合同，据巴特尔教练自己说，他还会在 6、7 月份再续签两年合同回到体育总局，至于能否回到乒乓球队不好说，得服从体育总局的安排。我和巴特尔教练接触不多，每次安排训练时尚坤是翻译，和教练的沟通翻译是马指导。但我在看巴特尔教练的训练时，感觉他非常有激情，认真负责，对主力队员的训练计划周密，每天拿着 AP 看着计划练。当对运动员的表现不满意的时候还会发火，高分贝地喊上几声，然后又心平气和地带大家训练。而且训练的手段很多，一个人带近 30 个队员，都安排得井井有条，主力队员还特别训练，主次分明。巴特尔教练虽然在我们队的时间不多，却给我留下了深刻的印象，特别是他在即将回国时的安排令我感动，他的敬业精神深深地感动了我，所以发了微博表示敬

佩。 真心希望巴特尔教练再次回到体育总局时，还能回到乒乓球队担任体能教练。

* Athlete Performance 即体能训练中心，简称 AP。

Q&A 2017 年 05 月 17 日

> **问** 吴爸爸，您好，临近世乒赛，我看到了一段备战训练视频，每位队员都非常努力训练，科科许昕和马龙都累得把手撑在桌子上，这么高强度的训练，队里是怎么把选手的状态保持完好的？方便讲一下吗？

答 从封闭训练的规律来讲，就是让运动员经受大运动量训练的强度、密度，提高技术功底，改进技术环节，积蓄能量。 同时提高身体机能，适应大运动量带来的身体素质的提高和精力的储备。 每次封闭结束时实际上是运动员最累的时候，身体的疲劳和精神的高度紧张使运动员的竞技状态处于不稳定状态。 因此，在封闭训练结束到世界比赛开始前这一阶段时间，就是调整运动员竞技状态的时候，一般的情况是减少训练时间，运动员根据自己的情况自我调整，给运动员更多的空间，多练比赛中技战术的组合，使运动员的身体和精神都得到放松。 然后提前到距比赛地很近的城市进行适应性训练，适应当地的气候，倒时差。 由于换了新环境，离比赛越来越近，运动员的自我调动会越来越好。 同时教练员尽可能多的和运动员进行沟通，提出对比赛的最低要求，和平时的高标准要求形成了很大的反差，让运动员以

一种轻松愉悦的心情投入紧张的赛前训练。在比赛场馆开放时全队才进驻宾馆，正式投入比赛。实际上从对运动员进行大强度的训练到比赛状态的调整是一门高深的学问，特别是运动员心理的调整比技术更为重要。在这方面刘指导绝对是专家，他对读懂运动员的内心世界和调动运动员的潜力都有着非凡的洞察力和语言的煽动性，"怼"得运动员狼性十足，只要比赛一开始就狠狠地撕咬对手，直到彻底打败对手为止。对于我们的对手，不懂球的胖子很可怕哦！

Q&A 2017年05月19日

问 吴指导，球台角落放瓶水和球拍是什么用意啊？是抗干扰训练手段之一吗？还有背景的欢呼声，能给我们科普一下抗干扰训练吗？

答 球台角落放的水和球拍组成一条线，要求小胖的回球只能落在球拍与球台边线的区域里才算是好球，这是训练小胖进攻的准确性。由于球的旋转降低，击球落点就显得更加重要，对击球落点的准确性要求越来越高。这是一种要求极高的专门的击球落点训练。

背景的噪音是在训练时循环播放球迷们的加油声，模拟比赛嘈杂的环境。因为在世界比赛的前几天，场馆安放的球台都在8张以上，甚至安放16张球台。比赛都是同时开始，每个国家都有拉拉队，因此比赛时场上很乱，加油声此起彼伏，精神不集

中就很容易受干扰,影响技术水平的正常发挥。 平时训练放噪音,就是锻炼运动员的抗干扰能力,使其集中精力比赛,不受任何外界的干扰,提高运动员的注意力。 进入前十六名以后,球台减少,比赛的环境就会安静很多,运动员就更能集中精力比赛。 而前几轮由于比赛环境嘈杂,精力不够集中就很容易输球。 这是训练时放噪音的真正目的,防患于未然。

Q&A 2017 年 05 月 20 日

问 吴爸爸我想问一下,一般情况下每年国家队运动员们除去俱乐部和省里训练的时间,在总局训练时间大概有多少呢? 省里训练和国家队训练最大的区别在哪些地方? 回省后国家队教练一般怎么"监督"运动员的训练呢?

答 一般情况来讲,每年除去超级俱乐部的比赛时间(3—5个月),其余时间都属于国家队集中训练的时间。 但全运会年除外,在全运会年国家队在参加完 4、5 月份的世界比赛后,运动员都回到各省市队参加全运会的赛前训练和准备,因为全运会一般在 8—9 月召开,是全国最大的综合性比赛,关系到各省市队的成绩。 国家队运动员每年到俱乐部参加超级联赛是三个月,这期间主要以俱乐部自己的训练为主,根据情况会安排国家队教练去跟踪自己分管的队员。 运动员在俱乐部、省市队的训练和在国家队的训练有很大的差异。 回到省市队或俱乐部以后,训练对手很少,训练时间不能保证,训练质量和国家队比有

很大的差距。因此，在超级联赛期间运动员是以赛代练，把在国家队封闭训练中积累的能量通过超级联赛去体现。在国家队训练期间，每年大赛前的封闭训练非常重要，是运动员提高自己、充实自己的最好时候，通过一次封闭训练的积累，为全年的比赛任务打好坚实的基础。其他的时间就是国家队的集中训练时间，是为了完成国际乒联巡回赛的比赛、全国锦标赛、世界杯、总决赛等赛事。运动员回到各省市队以后，国家队教练会主动和运动员进行沟通，了解他们的训练和比赛情况，这种沟通只能起到一定的监督作用，主要还是依靠省市队教练对他们进行管理和训练。国家队运动员结束在省市队的训练和比赛后返回国家队时，需要各省市队教练给他们出具在省市队训练比赛期间的评价，这对运动员也能起到一定的监督作用。

"残酷"的技术发展

"残酷"的技术发展

Q&A 2017年02月16日

问 同样是直拍横打,许昕和王皓的区别在哪? 张继科和樊振东的反手拧拉区别在哪?

答 许昕和王皓的直板横打最大的区别在于王皓是童子功,许昕是半路出家。

王皓的直板横打形成了自己的体系,他的反面技术具包括台内拧拉、近台快抽、中台连续进攻、远台对拉,具有很强的强强对抗的能力。 王皓的反面技术是立体的,全方位的。 王皓的天赋就体现在反面技术的自然调节能力上,在这一点上恐怕是前无

古人后无来者。

许昕的技术特点是以正手进攻为主，反面技术只是一种过渡技术，从小一直在推挡技术和反面技术上徘徊，没有确定哪个是主要的，下的功夫不够。所以到现在的直板横打时反面只能搏杀，缺乏相持和防守能力。这也是许昕在面对张继科、马龙、樊振东时最大的技术漏洞。

张继科的反手拧拉技术和樊振东的反手拧拉技术有本质上的不同。张继科的拧拉以旋转为主，强调拧拉后的衔接，这个衔接是为侧身进攻创造条件。而樊振东的拧拉是以速度和凶狠为主，强调拧拉后反面的快速衔接以及主动抽直线的能力。

Q&A 2017年02月16日

问 改球对许昕备战奥运周期影响大么？您觉得作为许昕的球迷应该怎么支持他一起度过这个周期才好呢？吴爸爸辛苦啦～为我昕举牌牌。

答 这次改球大家都感觉到有点别扭，主要是球加大了一点，材料也有所不同，不容易破，更经打一些。旋转减弱，不走。其实有这种感觉是因为有旧球和新球的区别在，长期打新球以后就适应了。只不过要根据新球的特点在技术上做一些相应的调整。所以对许昕来讲，关键是对自己冲击2020有多大的决心和自信，对技术环节的漏洞有多大的决心去改变，是否能够找到正确的方法，自己的用心是否到位。而我认为许昕最主要的问题

是自信和坚定，敢于破釜沉舟。作为许昕的球迷，主要是给他更多的鼓励和鞭策，越是在他困难的时候越要给他更多的支持，为他加油！

Q&A 2017年02月17日

问

吴指导您好，常听人说大胖梁靖崑和小胖樊振东的打法风格和技术特点很像，那么具体来说，他们两个像在哪里，又具体有哪些不同呢？

答

小胖和大胖在打法上确实有点相似，都属于同一种风格：有实力、身体好、打法硬朗。他们的区别在于小胖的反手技术更扎实，厚实，稳定，在任何时候你都感觉他比你多一板。而且小胖反手抽直线的能力远在大胖之上。在正手上小胖拉球的调节能力要强于大胖，稳定，杀伤力都差不多。大胖和小胖最大的差距在于大胖对自己的要求不如小胖，小胖是有追求的人，很清楚自己的目标，勇于付出，踏实刻苦。小胖心理素质过硬，越是关键时刻越敢出手，而且命中率很高，这是他的过人之处。大胖对自己要求不高，心理不够自信，训练的自觉性不够，对自己不够狠，容易自我原谅，所以技术的发挥不稳定。另外，大胖对自己的技术特点认识不够，战术运用还不够坚定。所以大胖要想冲击2020，就必须对自己有清醒的认识，有坚定的目标并能够付出一切努力。同时，对自己得分体系要有规划，刻意地进行训练，才能保障技术在任何时候都能正常发挥。

Q&A 2017年02月18日

问 目前乒乓球技术的发展趋势是什么？现在哪些球员能代表这个潮流？

答 目前乒乓球技术正朝着正反手技术均衡的方向发展。"特长突出，无明显漏洞"依然是技术发展的指导思想。王皓、张继科引领了之前的世界乒乓球技术发展方向，但随着塑料球的使用和球的加大，球速减慢，旋转降低，对技术的发展又提出了新的要求。随着反手拧拉的快速推广和应用，对拧拉球的研究更加深入，基本上找到了对付的办法。马龙在里约奥运会的成功，就代表了世界乒乓球技术发展的方向。从历史上看，马龙对王皓和张继科的战绩一直不差，之所以在成绩上落后王皓和张继科，是因为马龙虽然在前三板上占据了优势，但自从拧拉出现以后，更多进入了相持球，马龙反手弱的缺点就暴露出来了。但在苏州世锦赛之前，刘指导看到了马龙的问题所在，大胆改革，让马龙反面使用红双喜套胶，利用胶皮的黏性提高反手的相持能力。结果，马龙的反手能力有了质的飞跃，技术风格也更加厚实。所以，几年前我对小胖今后技术发展方向的定义是既有马龙前三板技术的细腻，又有王皓、张继科反手的实力。但现在马龙就是最好的榜样。现在能代表这个潮流的就是马龙、张继科和小胖。

Q&A 2017年02月18日

问

吴指导您好，请问这次改新球与之前相比最大的差别在哪？什么样打法的球员会比较快地适应新球呢？而不适应的球员（尤其是年龄上不占优势的中间层球员）如何尽快适应新球？

答 现在国际乒联又推出了新球，主要是在新球的材质上进行了改变，目的是解决旧球在比赛中很容易破碎而给比赛带来不公平的问题。这也给裁判带来了新问题，牵涉到球容易破碎时比赛规则的重新界定。新球和旧球有些变化：1.感觉球重了；2.球稍微大了；3.材质变化以后旋转减弱；4.球速慢了。这些都是运动员在这次队内大循环比赛中对新球的初步感觉。我个人认为，对新球的不适应会随着时间的推移而自然降低，但对新球带来的变化在技术上必须进行调整。球重了，击球方式将要调整，需要加大击球力量和摩擦，要习惯连续地发力击球，对身体素质要求更高。旋转减弱，可多加强接发球的拧拉和挑打。球速降低，可多注重击球落点的变化。

初步感觉新球对小胖、大胖、方博之类的打法有利。对灵巧性打法要求更高，比如马龙的台内球的处理上，正手进攻的质量上和以前相比会有不同。对继科有点难度，主要在于要求发大力击球的时候多，会增加受伤的概率，而现在继科最大的困扰就是伤病。对许昕而言，技术上必须进行调整：1.加大正手进攻的力量，不是中等力量击球后的衔接，而是八九成力量击球的衔接，这是个意识问题；2.加大正手挑打的力度，多从挑打的落点入手配合衔接；3.加大反面技术的使用力度和自信，规范正手和反面使用的合适范围。 以上都是一些初步认识，随着训练的深入，还会有很大变化。

Q&A 2017 年 02 月 20 日

> 吴指导您好！ 请问下您，为什么皓哥屡次在大赛上战胜龙队但是却输给继科，而继科对龙队的对战记录却是劣势，这里面的麦田怪圈到底是什么原因呢？

答 运动员相互之间由于技术特点不同，在比赛中经常会出现互相制约的情况，形成怪圈。 比如王皓、马龙、张继科：

王皓发球以钩子球到正手位为主，马龙采用正手接发球技术，正手挑打威胁不大，王皓站中间不动看着你打。 正手摆短容易摆高。 关键时刻马龙喜欢劈长后侧身反拉，这种球在关键时难度很大。 马龙的发球变化也都在王皓的掌握之中，不会对王皓造成太大威胁，因此更多的是进入相持形成王皓进攻，马龙防守转攻，主动权在王皓手中；张继科对王皓采用反手接发球，正好能借上逆旋转的力，继科可以发力拧拉，这是张继科的强项。 而王皓经常接不好张继科的发球，勉强拧拉起来进入相持，张继科不怕王皓的反面。 比赛局面的控制权掌握在张继科手里；张继科对马龙，张继科同样是发钩子球为主，马龙同样采取正手接发球，摆短和劈长。 但张继科正手挑打短球的能力不够，更多是形成台内球的争抢，这是马龙的强项。 马龙劈长以后张继科反手连续进攻能力不如王皓，更多是形成侧身进攻转正手对拉，继科和马龙不相上下。马龙发球后正手抢攻的能力非常强，张继科经常处理不好接发球而被马龙抢攻。所以整个技术环节马龙掌握主动权。

比赛的胜负取决于运动员技术特点的互相制约，谁把握了场上的主动权，谁就有可能取得比赛的胜利。当然，运动员在比赛时心态的变化也会起到决定性的作用。只要在大赛里输过一次，就会对以后的比赛产生心理阴影。所以对运动员来讲，如何把比赛中的优势变为最终胜利是对他们最大的考验。在关键时刻打的不是技术，是你骨子里的东西。

Q&A 2017 年 02 月 20 日

问

吴指导您好，直板一直是中国的传统打法，多少年来大赛小赛不乏直拍的身影，但现在除许昕外中国队为什么再没出现高水平直拍运动员？王皓直拍横打技术的成功为什么没有得到复制，并培养出更多高水平直拍运动员？国家队现阶段有哪些培养高水平直拍运动员的措施？谢谢吴爸爸。

答

直板打法在 20 世纪 80 年代之前一直是中国的主力传统打法，国家队的主力队员几乎全是直板。随着乒乓球技术的发展，国家队也摸索出一套训练横板运动员的方法，直板打法由于自身的缺陷而逐渐失去了主导地位。从徐寅生主任开始呼吁创新直板横打到王皓的出现，彻底改变了对直板打法的认识，王皓的直板横打引领了世界乒乓球技术发展的潮流。但这也给直板的发展带来

了困惑，现在全是清一色的直板横打，马琳、许昕这类直板打法几乎绝迹。这就给直板打法的训练带来了难度。中国乒乓球的训练体系是几代乒乓人的努力建立起来的，训练的指导思想和方法是以近台快攻技术为核心的。直板是左推右攻，横板是正手强、反手弱。现在的所有教练员都是在这种环境中成长的。王皓的出现，彻底颠覆了传统的训练体系，从以正手为主体的训练理念到以反手为主体的训练理念转变，使教练员感到茫然，直板横打的训练方法是个新课题，不知道该怎样进行训练。这就是王皓退役后大家感到后继无人的主要原因。我现在正在做的事就是把我训练王皓的方法和手段进行总结，归纳出一些带规律性的东西，有机会给省市队的教练讲讲课，让他们能够掌握一些基本的的训练理念和方法。目前国家一队也有好几个直板横打的运动员，只是现在水平不高。我想随着时间的推移，还会出现更多的王皓。

Q&A 2017年02月28日

问 吴指导，听有些人说博哥反手换了块胶皮，以前是用亚萨卡r7，现在改用蝴蝶05，从比赛效果来看好像很成功，我想问吴爸爸，换胶皮对运动员影响很大么？求吴爸爸科普！

答 换海绵型号对运动员的影响是很大的，主要是看海绵的特点是否适合运动员的技术要求。现在中国运动员基本上都是正手使用红双喜自己研制的海绵套胶，反面使用日本蝴蝶公司生产的日本海绵套胶。它们的区别在于中国套胶胶皮黏性好，适合

摩擦球，打出去的球又转又快，有时会打出摩擦很薄的球，弧线怪异，经常会使对方对不准球而失误。日本套胶胶皮黏性不如中国胶片黏，摩擦不好，适合撞击，打出的球弧线稳定，球很正不乱飞，对方接起来很舒服，防守非常好。所以刘国梁指导在苏州世锦赛之前让马龙把反手套胶从蝴蝶改为红双喜，就是想让马龙的反面能有所进步。这是需要勇气的，改得不好，不适合马龙的技术特点，苏州世锦赛拿冠军就悬了。不改，反手进攻能力始终是个漏洞。所以马龙还是下决心改，为了奥运会拼了。结果超出意料得好，非常适合马龙，主动进攻命中率非常高。在苏州世锦赛上打得小胖落花流水，在奥运会决赛对继科，反手相持一点不下落风，夺冠是必然。这就是刘指导的高明之处，一般人不敢轻易下这个决心。所以当运动员感觉技术提高受限制或感到反面技术不稳定的时候，就应去尝试换反手套胶。我想这次方博换反手套胶也是出于这个考虑。

Q&A 2017 年 03 月 01 日

问

吴指导您好！现在直板似乎后继无人，有些人把原因归结为直板横打上，理由是现在的年轻运动员都是直板横打打法，可又达不到王皓的高度，等于直板误入歧途，应该在推挡上下更多功夫。您怎么看这个问题？

答

直板现在国家队除了许昕外，目前没有突出的队员，这和直板横打打法没有关系。运动员的成长需要有一个过程，也许在这个时期直板显得不那么突出了。当年马琳、王皓直板打天下到鼎盛时期也有十几年,一对比就感到反差比较大。其实我认为王皓的直板横打和横板相比是更先进的打法,在王皓的鼎盛时期,打欧洲运动员是最轻松的,老桑在横板里面实力是最强的,但和王皓交手十几次都是以失败告终,唯一赢过的一次是王皓最低谷的时候。王皓能够三次打进奥运会单打决赛,是因为他的技术先进。直板反胶、直板正胶这么多年在和横板的对抗中,反手推挡一直是最薄弱的环节,所以才创新并产生了直板横打。怎样处理推挡和直板横打的关系,需不需要推挡就成了一个很重要的话题。从运动学理论来讲,运动员的技术,是通过运动神经末梢和大脑神经建立联系,经过反复刺激,最后达到自动化程度而建立的。如果在处理一个球上你有两种选择,你就必须建立两套运动神经系统,必须付出加倍的时间。乒乓球球速这么快,在零点零几秒的时间内要决定我是用推挡还是横打,从理论上来讲是不可能的,在比赛中来球千变万化,运动员靠的是经过刻苦训练后形成的自然反应,动作是不经过大脑思考的。我在训练中也尝试过,王皓也加过推挡,但在比赛中第一反应还是横打。许昕是半路出家直板横打,我接手后第一个重点是加推挡,把他已经丢掉6年没练的推挡捡回来,以此解决第一板防守的问题。结果问题来了,推挡只能借力防守,但对方直接发力抽你全台,如果你加力推,推挡以后换成横打来不及,手指调节不过来,一到正手就抬肘。练了半年,花了很多精力,在比赛中实在结合不了,最后只能选择放弃,再从横打上想办法。王皓的出现,确实对直板打法起到了很大的影响作用,现在放眼一看,只要是直板,已经见不着左推右攻的打法了,清一色的直板横打。由于中国几十年形成的训练理论和训练方法都是以直板快攻技术为核心的体系,包括横板也是在这个体系中成长的,因此都是正手好反手弱。而现在的教练员都是在这种意识灌输下成长起来的。王皓的出现,是对乒乓球技术的一场革命,全

台使用反面技术在以前是不可想象的，而今天却成为了世界乒乓球技术发展的潮流，反手体系第一次被提到了前所未有的高度。而我们现在绝大多数教练员却不知道该怎么去训练，还是用惯性思维去训练直板横打运动员，这就造成现在的直板横打运动员还是正手好反面弱，技术体系还是老一套。这是目前直板横打面临的最大问题。不是直板横打打法不先进，而是教练员还没有掌握直板横打的训练方法。

Q&A 2017 年 03 月 08 日

问 吴指导您好，您辛苦啦！您在微博中经常提到队员的技术特长，包括您给许昕贯彻的新战术，这是公共平台，都能看到，我想问会不会担心他的竞争对手因此有针对性地进行准备呀？希望吴指导能解答，谢谢！

答 是的，好多人都有这个担心，担心是否会泄密，但其实这种担心是多余的。作为竞争对手来讲，大家都在同一个队，天天在一起训练比赛，每个人的优缺点都非常清楚，没有任何秘密可言，包括你的心理素质，关键球处理的方式，技术特点和技战术的变化。关键是你知道了也不一定能抓得住：一是要看你是否有能力去抓住对方的漏洞，二是对方的技战术是会随时根据比赛进行变化的。这次比赛采用这个战术，下次又会采用别的战术。高水平运动员最大的特点就是他能经常打出超出你想象的球，使你感到被他算计，而你永远不知道他会采用什么样的战

术。就像小胖和马龙比赛，明明知道马龙经常发长球侧身进攻，这是小胖的技术漏洞，平常也专门进行训练。但在比赛中还是经常吃亏。你等他发长球的时候他偏偏不发，净是短球。你准备接短球时，他突然连发你几个长球。周启豪对马龙的比赛就是这样，马龙比分落后，最后是连续发了5个长球，这在比赛中是非常罕见的。这就是在比赛中斗智斗勇，我让你永远猜不准我的意图。只有当小胖的技术能力达到运用自如的程度，才能应对各种变化。我的技术特点你都知道，但我什么时候使用你不知道，兵不厌诈。外国运动员也是一样，每场比赛都录像回去进行技术分析，你有什么技术特点都清楚，但一到比赛就发懵。

Q&A 2017年03月13日

问 想问一下吴爸爸，运动员的打法风格等是怎样确定的？是根据各人不同的特点吗？那为什么有的人打法比较先进而有的人就比较落后呢？打法风格直接决定了运动员的命运吗？希望吴爸爸能回答我。

答 运动员打法风格的确定，是根据运动员自身的技术特点而定的，这也是考验教练员执教能力的重要体现。首先教练员要对世界乒乓球技术发展的方向有所把握，其次是对运动员的特点要心中有数。

运动员的技术风格确定以后，就必须根据运动员的打法特点进行训练。比如马琳，进一队的时候是怪板打法，正手反胶，反手长胶。要想打高水平反面必须学习直板横打。所以刚接手就把马琳的反面改成了反胶。在训练中就狠抓了主要得分手段：1.正手的爆冲和连续进攻能力；2.加转快摆短；3.抢冲半出台球。这三个特点让马琳受用一生。在此基础上去弥补技术上的漏洞。王皓在训练中显现了他的反面的天赋，围绕反面技术他建立了一整套反面的得分体系，打破了世界乒乓球技术发展的格局，引领了世界乒乓球技术发展的潮流。樊振东吸取了王皓成功的经验和失败的教训，在技术风格的使用上一开始就站在了技术发展的前沿，强调反手的抽直线和强强对抗，反面学习王皓、张继科，前三板学习马龙的细腻。

打法的先进与落后，取决于能否积极主动、先发制人、技术全面、无明显漏洞。直板打法相对于横板有先天不足，反手没有进攻能力，特点突出，有明显漏洞。所以对直板打法的运动员，在综合能力上的要求更高，必须心理素质过硬，打法凶狠，精于计算，敢于搏杀。而这几点上就是许昕所缺乏的。马龙的技术先进，在于他前三板技术的精细和正手抢攻的能力，以及正反手技术的均衡。我认为马龙的技术引领了现在世界乒乓球技术发展的方向。

Q&A 2017年03月18日

问

吴指导，现在左手球员越来越多了，不再是陈小杀说的当年的"弱势群体"了。但是从以前到现在，除了大蟒拿了一个大赛男单冠军，"江左盟"（阎森、秦志戬、陈玘、许昕、周雨）提起来就是一个痛。为什么左手球员很难有所成就呢？以后的左手球员能逃避这个魔咒吗？现在对左手球员有什么不同的培养方式呢？

答 其实左手运动员不是什么弱势群体，之所以给人感觉很少在大赛中拿冠军，不是因为是左手，而是综合实力不够。许昕也给我提出过这个问题，觉得左手直板打法不好，还没有人拿过世锦赛冠军。从奥运会增设乒乓球项目开始，左手运动员也拿过奥运会和世锦赛冠军。1988年汉城奥运会是韩国运动员刘南奎夺得冠军。42届世乒赛是法国运动员盖亭夺得冠军。之前31届世乒赛瑞典运动员本格森也夺得过世锦赛冠军。只不过和右手运动员比较起来少了一些。我认为左手运动员在世界大赛中获得冠军不容易，还是和左手运动员的技术实力不够有很大关系。由于右手运动员占大多数，训练计划的制定大多是以右手为模本。因此，左手运动员的训练必须根据自己的特点进行训练，进行调整，没有形成一套左手的训练理念和模式。

许昕这次奥运会输给水谷隼，主要是输在战术上，我是有责任的（最后那几个关键球另说）。因为平时训练的重点是针对右手运动员制定的训练计划和战术。总觉得他打左手成绩一直不错，放松了对左手运动员的针对性训练，才形成战术使用不当的问题。许昕最大的问题是前三板技术不精和反面技术有明显漏洞，因而造成目前的技术瓶颈。只要许昕在前三板技术上有较大的突破，是能够站在世界之巅的。当年陈玘也是因为反手技术有明显漏洞，没有认清正手与反手的关系而没能达到技术的高峰。

其实左手运动员对右手运动员是有线路优势的，就在于反手斜线，敢于形成反手和对方正手的对抗。第一板抽斜线，对方是有准备，天天练左右摆速，击球完后重心还原。当你连续给第二板的时候，对方的注意力在反手位，正手是靠自然反应在击球，质量明显下降。当你再连续给第三板的时候，对方正手几乎就空了，很容易得分。如果能再有一板抽直线的能力，随时都能撕开对方的防线。这是左手横板运动员最大的技术特点。

林高远之所以能够在这次直通比赛中脱颖而出，靠的就是他的反手技术体系，我就是按照这个训练理念训练他的。所以，左手运动员不是弱势群体，而是训练理念跟不上技术的发展。

Q&A 2017年03月19日

> **问** 吴指导，在地表最强十二人直通赛的时候，许多解说包括王皓、陈玘、邱贻可都说马龙现在打球到了另一个境界，具体指哪方面呢？常说马龙对乒乓球的理解很高，马龙"对乒乓球的理解"比起其他队员又高在什么地方呢？

答 马龙从苏州世锦赛夺冠开始腾飞，里约奥运会夺冠达到了运动生涯的巅峰。十年磨一剑，非常不容易。现在马龙打球已经到了一个新的高度，想赢不怕输，技战术的运用收放自如。

大家常说的对"乒乓球的理解"是一种综合能力，包括了很多方面：

1. 对旋转的理解。乒乓球的五大要素：力量、旋转、速度、落点、变化。其中对旋转的理解非常重要，发球，接发球以及前三板的争抢，每一板球旋转都会有变化。所以马龙的前三板技术发动非常快，出手非常自信，变化多端。

2. 阅读比赛的能力。非常敏锐地发现对方的弱点，根据比赛进程，随时调整自己的战术。

3. 对对手技战术的认知和了解。知己知彼，百战不殆。

4. 对对手性格的了解，什么样的性格打什么样的球。与人斗，就必须看透对手的心理变化和人性弱点。

5. 驾驭比赛的能力。牢牢把握比赛的主动权，把优势胜势变为胜利。

6. 应变能力。比赛中什么情况都会发生，当突发事件出现时，能够正确应对。

7. 对技术的钻研。把握技术的发展方向，不断创新丰富自己的技术，等等。

所以说乒乓球是一个聪明人的运动，把对方带到你的节奏里是乒乓球比赛的最高境界。目前看来，马龙已经处在技术巅峰，各方面都非常成熟。其他队员虽然有这优势，有那优势，但都有漏洞可抓，他们和马龙的差距主要在于综合能力上。马龙是一个非常自律认真的运动员，对每场比赛都是全力以赴。里约奥运会以后，马龙更加自信，对比赛的驾驭能力更上一层楼，能根据比赛的性质调节技战术的使用。每当大赛的时候，马龙就是挡在其他运动员面前的一座大山。

Q&A 2017年04月17日

问

吴爸爸，亚锦赛结束了，马龙、许昕等几个人都输给了日韩选手，媒体报道说是因为这次使用的是尼塔库的新材料球，球感偏薄，旋转下降，对于技术流的中国队不利，并且日本队去年冬天就开始训练使用了，所以比中国队适应得好，你认为这是真的吗？这个因素占多少比例呢？这种国际赛事用球是哪些人决定的呀？

答 这次亚锦赛使用的是尼塔库球,由于现在使用的塑料球材料不同,而生产出来的球也不一样。 现在国际乒联对新球的标准尺度较宽,球弹跳高度的空间要求尺度也很宽,因此,就需要运动员去调节自己的技术去适应不同球的弹跳,每一次不同塑料球的使用,对运动员的调节能力都是一种挑战。 目前使用的尼塔库球也是杜塞尔多夫世界乒乓球锦标赛的使用用球,它的特点是球质相对较厚,不易破损,摩擦系数较小,球的直径是 40.3 毫米,击球时感觉较重,旋转差,球的弹跳较好。 日本队也不是传说中的一直使用尼塔库训练,国际比赛中大多数时候是使用红双喜乒乓球,他们也同样在使用。 红双喜球球质相对较软,必须自己发力。 因此,日本队也进行了技术调整,正反手都在主动发力进攻。 这次比赛由于使用尼塔库,球的弹跳较好,日本队的技术正好适应了尼塔库球的特点,所以技术发挥很好甚至超水平发挥。 据了解,国际乒联也在就球的材质进行规范,对球的弹跳高度有更严格的质量要求标准。 我们希望国际乒联能够就塑料球的规范尽快实施,减少对运动员技术发挥的影响,为大家带来更多精彩的比赛。

Q&A 2017 年 04 月 18 日

问 吴指导,时常听到刘国梁或者您说马龙、继科、小胖或是谁打法先进,能不能讲讲这个打法先进具体体现在什么地方呢? 得分率高就是先进吗? 我们很多球迷都只看得懂漂亮球,看不懂高级球,吴指导普及一下吧~

答 打法先进主要是指具有很强的进攻能力和综合能力。进攻能力主要体现在：主动上手，抢先上手，旋转强，力量大。俗话说最好的防守就是进攻，这句话就是打法先进的诠释。张继科技术的先进在于他球的旋转超强和高质量的击球，不管是正手还是反手。马龙的技术先进在于前三板技术的细腻和主动上手的速度能使对方永远处于被动挨打的境地，以及马龙正反手技术的均衡。樊振东技术的先进在于他超强的反手体系和全面的技术。"特长突出，无明显漏洞"是几十年总结出来的指导思想精华。"积极主动，抢先上手"是具体要求。一个打法是否先进的标准就是看他整体上是否处于进攻势态而不是被动防御。漂亮球体现在球的来回多，攻防转换快，是力量与速度的较量。而高级球是体现技巧的纯熟，把技术升华到艺术，打出超出你想象的球，让你发自内心地赞叹。这种技巧，体现了速度、力量、旋转的结合。现在给你们谈这些也许很难理解，当你真正入门，成为一个球迷的时候，你就能体会到看乒乓球比赛的快乐和享受。祝你早日成为真正的球迷。

Q&A 2017年04月19日

问 吴指导，您好，这次亚锦赛换了新球，中国队主力先后失利，但是小胖表现英勇无敌，只有和张继科的比赛输了一局，其他都是以3:0取胜，为什么小胖并没有受到换新球的影响，这是和小胖的打法有关系，还是和个人的适应能力有关啊？换球之后对哪种打法的人有利呐？期待您的解答！

答 这次小胖在亚锦赛上表现非常突出，夺得了参加的三项比赛的全部冠军。 最突出的表现还是在单打比赛中，在半决赛中战胜张继科。 继科在半决赛和小胖打时虽然是带伤上场，但丝毫没有减少对比赛胜利的渴望，靠他的经验和反手体系的能力在第一局5:8落后的情况下追到10:9领先，小胖靠他的坚决和自信处理好了最后几个球才拿下了关键的第一局。 这场和继科反手体系的强强碰撞后胜出，使小胖在新奥运周期的成长增添了更多的自信。 其实真正的突破在杜塞尔多夫的世锦赛上才能证明。 在决赛的时候，由于女队单打失利，男单马龙、许昕的失利，平添了很大的压力，这场决赛的高度已经达到了世界锦标赛的要求，在任何情况下都是必须拿下，不然后果不堪设想。 在特定的气氛下必须拿下比赛对小胖的心理素质和抗压能力是极大的考验，而小胖表现得非常从容，心非常干净，调动非常积极，干净利落地战胜了对手夺得冠军。

为什么大家都在说新球带来了很大的影响而小胖却不受任何影响呢？ 这是由小胖的技术特点决定的，由我的训练理念决定的。 我的训练理念是技术先进是根本，强调强强对抗，主动连续发力，不给对手任何喘气的机会，打法凶狠。 新球的特点是旋转减弱，速度较快，要求自己发力才有威胁。 对那些喜欢打旋转打变化和打借力球的运动员就增加了难度。 而小胖非常习惯自己连续发力，全是主动发力进攻，小胖的技术特点正好和新球的特点合拍，使用不受影响，能正常发挥水平。 小胖实际上从出道以来就是这个风格，不断地在丰富自己的技术和综合能力，积累和沉淀胜利与失败的经验和教训。 这次亚锦赛的成功不是偶然，是长期以来训练理念和技术能力积淀的必然结果。

Q&A 2017年04月19日

问 吴老师，您多次提到女子技术男性化，但是还是不太明白，您能不能结合平野美宇的技术特点，具体说一下女子技术男性化？

答 你的问题提得真好，虽然我已经几次回答了你之前的提问，但我还是忍不住继续回答你的问题，这正好是我想给大家科普的乒乓球知识。

女子技术男性化是指女子技术要根据女子的身体特点，来学习男子技术的理念和意识，并不是完全照搬男子的打法。现在女子的打法是以左右摆速为基础，不太注重前三板的争抢，接发球以搓长防守转攻为主，谁的相持能力强将决定比赛的胜负。不管是王楠、张怡宁还是李晓霞都是这个体系。唯独邓亚萍例外，她是以积极主动进攻、快速凶狠见长，能一板拍死你决不打第二板。这也是她创立邓亚萍时代的根本原因。女子技术最大的特点就是主动发力少，相持借力多；主动侧身少，左右摆速多；摆短搓长多，二、四板三、五板的争抢少（二、四板是指接发球摆短以后的抢攻，三、五板是指发球时对方摆短后再控制后的抢攻）；比赛相持多，落点、节奏变化多，台内球的争抢少。也有个别女子运动员在某个技术上有男子技术的特点，但不成体系。

那么女子技术应该借鉴哪些男子技术的理念和意识呢？由于我没教过女队员，不了解女子训练的特点，只能从男子训练的理念和意识去看女子技术。

我个人认为：

1. 主动连续发力，少打借力球是能够做到的。刘诗雯的技术特点有点类似，但板板发力不够。日本队平野的技术特点就是板板发力，衔接很快，有速度，有落点。我们三大主力都跟不上她的速度和板板发力的衔接，感觉打不穿她，一想发力就失误，显得平野的技术比我们先进。其实平野也许自己也没有认识到自己的技术先进，她只是在亚锦赛超水平发挥，平时练的技术正好适应新球的特点，偶然的成分很大。但这种偶然里一定有它的必然，代表了一种技术发展方向。平野连续战胜中国队三大主力夺冠，折射出我们主力队员技术打法陈旧，缺乏创新，在平野的快速进攻前束手无策，倒逼我们进行技术创新。由于我们的整体实力还是高于日本，只要加以重视和研究，进行技术创新，战胜日本女队不难。但技术的先进性和技术创新是目前女队的首要任务，如果跟不上技术的发展，输球的偶然就会变成必然。

2. 主动侧身进攻，这是种意识。在发抢时都能做到侧身，但相持中很少主动侧身。刘诗雯在苏州世锦赛赢李晓霞就是赢在主动侧身上，打乱了李晓霞的节奏，这也是马琳教她男子意识的结果。

3. 台内球的争抢意识。现在女孩在处理摆短球时基本上都是搓长进入相持，看谁板数多，扛死你，太简单。台内球的争抢体现的是对旋转的理解和手感，台内球争抢弧线的控制，落点的变化，体系的建立对运动员的心智要求很高。这是女子能够做到的。

4. 中台连续拉冲的意识和能力。这是目前女子非常欠缺的意识和技术，都是近台快拉快带，很少有人主动退出半步反手连续拉。这个技术要因人而异，有一点是肯定的：谁要掌握了这个技术，在技术上一定是领先的。

这几个是主要的问题，还有很多细节就不啰嗦了。总之一句话，女子技术男性化是要用心去钻研的，不仅仅是口号。男子技术的今天，就是女子技术的明天。

Q&A 2017年04月23日

问

从深圳直通赛开始,樊振东减少了中远台对拉,身体更为向前,更多是近台快攻。想问吴指导,是基于什么让小胖的技术风格作出了这样的改变?

答

最近小胖技术风格给大家感觉有些改变,更靠近台,是因为小胖在直通比赛中在与闫安的比赛时,右脚不小心蹬在球台下导致轻微挫伤,影响了脚步的移动。我要求小胖继续比赛。如果在大赛时遇到这种情况怎么办? 就只能通过平时的比赛摸索脚受伤以后的比赛套路。当时要求小胖改变战术,尽量靠近球台,以反手的强势为主,减少退台,加快正手近台的击球点。没想到这一转变使小胖找到了近台衔接的感觉,正反手近台的衔接更加流畅。其实运动员的技战术风格的变化都是在比赛中形成的,当你的技战术使用在比赛中受到对手限制时,你就得想办法去解脱,在摆脱困境的时候使用的技战术有时会令你豁然开朗,有些技术只有在比赛中运用出来后才能真正掌握。包括小胖反手击球的节奏变化,也是在直通比赛中突然改变战术而收到的效果,在训练中加以巩固,从偶然的运用到有意识地去主动运用,就是一个提高的过程。在这次亚锦赛的比赛中,小胖都能有意识地去运用反手的节奏变化,效果非常好,使小胖的整体实力又上了一个台阶。

Q&A 2017年04月24日

问 问个正经的问题,最近亚锦赛解说聊到,改球之后由于球的旋转下降,发球方原有的优势反而变成劣势。您怎么看改球后发球的作用和功能,谢谢!

答 经讨封闭训练这几天的训练,确实感觉到新球给技战术带来了很大的变化,旋转下降,球速快,更多地体现在相持中的强强对抗。 特别是对许昕这类直板打法来讲,增加了很多的难度。 对于横板运动员来讲,由于发球的旋转下降,接发球更多地采用拧拉技术,增加了许昕全台抢拉的难度,必须算球算得很准。 而且即使算准了,抢拉的旋转下降,也很容易被对方防回头,因此对进攻的落点要求更高,同时必须改变单面进攻的意识,提高反面的使用率和相持能力。 发球由于旋转下降,更注重发球落点的变化。 对于许昕来讲,接发球拧拉绝对不是好球,因此接发球的方法必须改变,减少拧拉技术的使用,以摆短和劈长为主,加强台内球争抢的能力和劈长后反拉的意识。 再就是由于球速快,拉球的节奏也要比原来快,而且还必须自己发力,因此正反手技术的均衡要求越来越高。 由于旋转下降后,对发球、接发球技术以及相持技术都带来了很大的改变。 特别是对于许昕来讲,在短短的一个月封闭训练中要改变这么多技术和意识,难度非常之大。 只能是抓住重点,狠抓特长和特短。我会和许昕一起努力,根据新球的特点,重新组合许昕的技战术特点。

我是站在许昕的角度看这个问题的。

Q&A 2017年04月24日

问 吴指导最新的微博提到了关键球比赛,在训练中,针对关键球有怎样的训练?除了技术训练以外是否还有心理辅导?

答 昨天晚上,我们进行了封闭训练的第一次比赛。打的是关键球比赛,是对运动员在尾局处理球的一种有意识的锻炼,因为就几分球,每一个球都会关系到比赛的胜利,对运动员心理素质也是很好的磨练。关键球比赛的种类很多,教练员根据运动员的情况进行设计,没有固定的模式。这次关键球比赛的赛制是比分从7∶8开始,发球一方落后一分,采用5局3胜制,大分2∶2时,决赛局采用10∶10的比分进行。这样比赛的偶然性非常大,谁都可能输球。经常打这样的比赛,能使参赛运动员去珍惜每一分球,找到比赛紧张的感觉,在这种状态下处理好关键球,既是磨练也是积累。

Q&A 2017年05月28日

问 吴爸看过来~里约之后看了很多比赛,发现经常听到"阅读比赛"这个词,那么阅读比赛具体读出了什么?如何利用它取得比赛的胜利,对于运动员和教练而言又有什么不同呢?刘胖强调运动员打比赛要有自己的节奏,这种节奏又是如何体现的呢,为什么将对手带入自己的节奏有利于取胜?陷入对手的节奏又该如何突破?

答 "阅读比赛"是一个优秀运动员必备的能力。比赛是一个综合能力的考验，包括很多方面，心理、技术、领先、落后、开局、尾局、关键球的处理，等等。"阅读比赛"就是当你在比赛时，首先要对你的对手的综合能力有个大致的了解，特别是运动员的个性技术特点以及对关键球的处理方式和能力。其次是在比赛的第一局，去捕捉对方的技术特点和漏洞，进行战术性的试探，对对方技战术的特点做到心里基本有数。然后随着比赛的进程逐渐发挥自己的技术特点去赢得比赛的胜利。当你比分落后的时候要知道是什么原因造成的，迅速调整自己的战术。在关键时刻要去猜对方的心理，敢于果断出手，给对手致命一击。所以，"阅读比赛"就是把控比赛节奏，掌握比赛进程，牢牢抓住对手的漏洞，根据比赛的需要随时调整自己的技战术使用，而这一切都要做到心中有数。有时候通过比赛前和对方握手就能知道比赛的胜负，有时候从对方一个细小的动作就能判断对手的心理，有时候从一个技术使用的变化就能洞察对方的战术意图，等等，都是"阅读比赛"能力的体现。这种能力是需要通过很多比赛去积累的，特别是大赛经验的积累。

运动员的比赛节奏，是由运动员的技术特点决定的。如果你在比赛中不能发挥自己的技术特点，那么你就是跟着对方的节奏在比赛。比如马龙的比赛节奏就是前三板的争抢，让你浑身难受，有劲使不出来。继科就是靠旋转和力量的实力让你一筹莫展。小胖就是靠正反手的快速衔接以及反手技术的超强能力让你抬不起头来。许昕就是靠他的死缠烂打和正手进攻让你痛不欲生。如果比赛进入了他们的节奏，你就离输球很近了。因此，在比赛中最大限度地去发挥自己的技术特点，制约对手的技术特点的发挥，是取得比赛胜利的根本保证，也就是你把对手带进了你的比赛节奏当中。

"胖球"的规则与细节

吴爸爸小黑板

"胖球"的规则与细节

Q&A 2017年02月19日

> **问**
> 吴指导您好，同样作为三大赛，总是听说世锦赛的激烈程度和含金量高于世界杯，可是为什么大力能获得三个世锦赛冠军，却始终无缘捧回世界杯的奖杯呢？总觉得大力拿下世锦赛，世界杯就应该很容易的说……

答 世界锦标赛和世界杯的赛制不一样。世界锦标赛是从128个位置开始打，种子选手现在是从64位开始打。就是说从1/32、1/16、1/8、1/4、1/2，打到决赛。运动员拿冠军需要打6场球。对手的水平是由低到高，这样我们的运动员就有一

个逐渐进入状态的时间和空间，在半决赛和决赛达到最佳状态。而世界杯的参赛者来源有二：各大洲的冠军；世界排名符合者。一共是16名运动员。先进行小组循环赛，4人一组。小组前两名进入前八名淘汰赛，对手相对水平较高。小组每一场球都很关键，输一场球都可能小组就被淘汰，从一开始比赛就比较激烈，没有逐渐进入状态的空间。王励勤是三次进入决赛，一次输给桑姆索洛夫*，两次输给马琳，其他都是先输了，失去了夺取世界杯冠军的机会。另外还有运动员的心态也很关键，第一次夺冠最难，一旦突破，后面比赛时心态就会很好，想赢不怕输。这就是马琳拿了四次世界杯冠军，而王励勤拿了三次世锦赛冠军却无缘世界杯的深层次原因。

* 桑姆索洛夫即为萨姆索诺夫，又称老桑。

Q&A 2017年02月28日

问 吴指导您好。国际比赛都是7局4胜，国内乒超是5局3胜，这次直通杜塞第一个名额是通过3局2胜决出，您觉得3局2胜的成绩对于7局4胜的比赛有什么借鉴意义，对于运动员本身的品质要求有什么不一样？谢谢吴指导。

答 国际比赛在单打中采用7局4胜的赛制，减少比赛的偶然性。本身，从21分制改成11分制已经加大了比赛的偶然性，局数再少的话，对高水平运动员不公平，减少了比赛的对抗性和观赏性。团体赛采用5局3胜制，主要考虑的是时间问题。在

正式比赛中没有3局2胜这样的赛制，只是在队内比赛中根据队员的情况进行安排。里约奥运会前的一次队内大循环比赛采用的是9局5胜制，是为继科量身定制的，延长他对比赛的专注时间，达到以赛代练的目的。这次直通采用3局2胜的赛制是考虑到继科和其他队员的伤病，减少比赛的强度，尽量不出伤病。同时对加强运动员快速投入比赛的能力也是一种锻炼。第一局一慢，第二局一紧，比赛就结束了。打好开局对比赛就显得很重要。这种赛制适合前三板好的运动员，比如马龙、闫安等风格的运动员，对小胖、继科、许昕就难度大一点。

Q&A 2017年02月28日

问

吴指导，打扰您了。有一个问题想请教一下。方博在和小胖的比赛中途换球后，将球在脸上摩擦。想知道这个动作的作用是什么，之前被科普说是检查球是否有空隙。但实际上好像不是如此。希望得到你的专业解答，做专业科普。盼复。

答

运动员在比赛中如果球坏了，就必须换个新球。在运动员确定新球以后，经常看到他们把球含在嘴里或在脸上磨蹭，主要是因为新球表面有一层薄薄的粉，含在嘴里就是用口水打湿后用毛巾擦一擦，在脸上磨蹭就是用汗水把球湿润一下，再用毛巾擦干。如果不擦，新球表面的粉会影响胶皮对球的摩擦而导致击球打滑。我们打完球，在球拍的胶皮上能看到球印，就是球上的粉印。所以在比赛前运动员都得亲自去挑球，有的喜欢打

旧球，有的喜欢打新球。旧球由于被手抓过，会有手油，就非常容易打滑，有利于善于进攻的人。新球是越打粉越少，就更容易掌握球性。球软适合防守的人，球硬适合进攻的人。比赛之前挑的球都必须经过双方的同意，你不去挑球就会吃亏。

Q&A 2017年03月13日

> 吴老师您好，为何乒乓球选手都喜欢跑网前摸一摸桌子？在各种乒乓球的比赛中，总看到选手喜欢打完一个球之后，到乒乓球台子中间的位置，摸一摸网前的台面。感觉中国选手的动作很频繁，其他国家的选手只有个别的有这个习惯，而且频率也很小。为何要去摸一摸？难道用汗手摸台子不算犯规么？

确实是我们很多运动员都有这个习惯，打完球后要去摸一摸网前的球台。

这里面有几个原因：

1. 打球时手上有汗，特别在比分紧张的时候，手心全是汗。由于比赛规定分数是6的倍数才能擦汗，不到这个时候就只能在短裤上擦，但运动员又不太愿意，短裤擦湿了很不舒服。所以很多运动员选择在靠近球网的球台上蹭下手，如果靠近自己站位的球台蹭，容易留下汗印，球打在上面就容易打滑，影响击球，对自己不利。

2. 运动员在比赛中会去算球，在大脑里组织下一个球的战术，需要时间去思考。在这种情况下，运动员会去磨蹭一下，争取思考的时间。比如马琳在比赛的时候动作特别多，东一磨，西一蹭，有人专门给他算过，一个球结束后，他有 23 个动作，然后才会打下一个球。在此过程中，他的脑子在飞快地运转。由于是直板单面进攻，对来球一定要有预判，非常费脑子。所以好多人不理解，说马琳动作太多，烦。动作多，比赛节奏慢，有很多运动员不习惯，经常被马琳的节奏带到沟里去了。马龙、继科在比赛中也是习惯算球，有时会下意识地蹭球台，其实他是在飞快地思考，算计下一个球。

3. 在局面非常被动和比赛很紧张的时候，运动员会有很多动作，有意放慢比赛节奏，比如系鞋带、提袜子，到网边去蹭球台，没事远离球台溜达。我们也可以通过这些有意无意的习惯动作去判断运动员是否紧张，观察运动员的心理变化，在战术上进行调整。在当年对老瓦的时候，我们就非常注意这些细节，一看到老瓦提袜子，就知道他肯定是紧张了。他打了一个好球就会表演，我们就拿屁股对着他，哈哈。这都是心理的较量。

用手在网边蹭球台规则上是允许的，不算犯规，但不能到对方的球台蹭。一般一局比赛结束后，运动员都会把自己一方球台上的汗用自己的毛巾擦一擦。

Q&A 2017 年 03 月 14 日

> 您好，吴教练！作为一个乒乓老粉，一直对双打配对比较好奇。国乒教练组是基于什么考量将两位队员配对的？如孔刘、阎王、马陈、张马等黄金组合，男双配对中有什么趣事可以分享吗？另外，如果不限国籍您觉得哪两个队员组合可能非常有看点？谢谢！

答 双打运动员的配对确实是一门学问，首先是必须根据比赛的要求进行配对。

奥运会的双打配对是根据奥运会比赛的规则而定的。在团体取代双打之前，双打比赛的规则是一个国家参加奥运会单打的三名运动员再加一个仅参加双打比赛的运动员。可以报名两对双打运动员，所以在运动员的双打配对上，主要以参加单打的运动员为主，比如刘国梁/孔令辉。如果不合适可以派出专门的双打配对，如王励勤/阎森。也可以单打运动员配一个双打运动员，如马琳/陈玘，孔令辉/王皓。在奥运会团体取代双打以后，在参赛运动员的选择上必须考虑三个人之间的双打配对问题。这也是我们的双打没有固定配对的主要原因，只有等到确定了奥运会参赛名单以后才进行基本的双打配对训练，保证三个人根据比赛场上的情况随时配对上场。由于奥运会取消了双打比赛，因而各国对双打比赛的重视程度明显降低。

世界锦标赛的双打比赛只要按要求报名就行，双打的配对以锻炼为主，考察在新奥运周期运动员双打的技术能力，所以现在各国的双打配对更多地着眼于奥运会团体中的双打配对。

在双打的配对中一左一右的配对是首选，两右两左是无奈之举。两右或两左的配对主要是双方技术特点的组合，比一左一右要求更高。比如2004年奥运会孔令辉/王皓的组合，在参加奥运会时，是以孔令辉为主，王皓为辅，结果配合不好，第一轮就输了。问题出在孔令辉接发球很随意，经常搓长，而王皓跟不上孔令辉的节奏，孔令辉搓长后王皓的防守不好就很吃亏。在线路上都是以斜线为主，跑位不畅。在2005年的世界锦标赛时，对他俩的战术进行了调节，以王皓为主，孔令辉为辅，孔令辉接发球以摆短为主，配合挑，尽量减少搓长。王皓发动进攻，孔令辉跟，因为孔令辉能力强，能跟上王皓的变化。在线路上以两条直线为主，王皓反面直线能力很强，给直线后对方几乎只能回斜线，而孔令辉正手是强项，连拉带拐，对方很难防守。最后在男双比赛的决赛中，他们和波尔/苏斯相遇，当时在半决赛中波尔/苏斯战胜了奥运冠军马琳/陈玘，士气正旺，结果被孔令辉/王皓打得没脾气，认输。所以在双打中两个人的特点组合非常重要。

如果跨国组合的话，波尔/马龙或波尔/许昕的配对最有看点。

Q&A 2017年03月15日

> 吴指导你好！请问国际大赛组委会是不是专门有赛前检查运动员球拍的工作人员啊？是要检查球拍的哪些方面呢？标准是怎么样的呢？盼解答、盼科普，谢谢。大学选修体育课时选了乒乓球，当时的体育老师是省队退役的，最后去学校任教了，第一次去上课我的球拍竟然被老师说像木板，第二次去上课换了一个有软软的胶皮的球拍，可是我当时并没觉得有什么差别……

国际乒联有个专门的机构负责每次比赛的运动员球拍检测工作，每场比赛前30分钟必须把球拍送到检测室，如果检测不合格就必须换球拍。赛前没有检测球拍的运动员必须在比赛结束后马上把球拍送检，如果检测不合格，马上取消比赛成绩。

检测的项目：1.气味检测，检测使用的胶水气味是否超过规定的范围，防止使用有毒胶水；2.海绵品牌检测，是否是使用通过国际乒联认证的器材，没经过认证的器材一律禁用；3.海绵

的厚度，海绵和胶皮的总厚度不能超过 4 毫米。 4.球拍表面的平整度；5.球拍胶皮的亮度，这项检测好像已经取消。 只要通过了检测就是合格球拍。

　　这个检测机构对中国运动员要求非常严格，有时甚至做出违反国际乒联对球拍检测的规定的事。 2011 年鹿特丹世乒赛男单决赛王皓对张继科，赛前我亲自把王皓比赛使用的球拍送到检测室，亲眼看到整个检测过程，当检测员检测结束，告诉我没有问题，把球拍装进专用纸袋后我才离开。 没想到在比赛前当值裁判找到我，告诉我王皓的球拍被撕开了，需要重新粘一下。 我一听马上就急了。 我赶到检测室质问检测员，为什么违规撕开王皓的球拍海绵？ 她说她怀疑王皓的球拍有问题，我说赛前检测已经通过，你怀疑有问题也只能赛后检测。 她说怕赛后没机会了。 我说你知道你的行为会对运动员会造成多大的影响吗？ 她说她知道，她错了，对不起！ 多么轻松的一句话，可我的心在流血。 正好我包里带了胶水，往被撕开的地方灌胶水，然后跑到洗手间，用吹风机把胶水吹干再粘上。 由于无机胶水涂上以后需要几个小时或更长的时间才能干透，王皓的海绵无法恢复原样，被撕开的地方粘不严实，等于球拍漏气，严重影响正手的拉球感觉。 这个突发事件，对王皓产生了很大影响，和国际乒联交涉也无果。 最后，只能使用被撕开的球拍比赛。 这个事件我认为严重影响了王皓的比赛，最终输给了张继科。 王皓赛后对我说，什么困难都想到了，就没想到球拍被撕开了。 但这也是比赛的一部分，只能自己去承受。 不过，王皓也有责任，没有使用备用板。 因为主板和备用板差别很大，他对球拍被撕开会带来的影响估计不足，心存侥幸。 这是血的教训，影响一生。

Q&A 2017年03月15日

> **问**
> 吴老师，您能不能从专业技术的角度说一下，乒乓球为什么能随意改变大小和材质？ 我也没听说过羽毛球、篮球、足球，改变过大小和材质啊。

答 乒乓球的改变是从 2000 年奥运会以后开始的。 当时的国际乒联主席是徐寅生主任，为了提高乒乓球比赛的观赏性，徐主任大力推动了小球改大球，把乒乓球从 38 毫米改成 40 毫米。改动以后确实是增加了比赛的回合，提高了比赛的观赏性。

由于乒乓球的材质是赛璐珞，属于易燃品，很容易燃烧，非常不适合航空运输。 运动员随身携带的乒乓球也不允许带上飞机，给比赛带来了很多不利因素。 而且赛璐珞材质的乒乓球在生产的过程中也容易产生火灾，给人们的生命财产带来极大的隐患。 所以国际乒联从安全的角度考虑决定把赛璐珞球改为塑料球。 由于塑料的特性是热胀冷缩，极易破碎。 在比赛的过程中经常出现球被打破了的情况，给比赛带来了不公平，一方处于防守的时候只要多坚持几下，球就可能破碎，按照临时的裁判规则，这球不算，重打。 这对进攻队员非常不公平。 同时也给裁判的判罚带来了难度，球被打坏了和球被打碎了有很多种情况，裁判法也没有具体的规定，裁判员也不知道什么样的球有效，什么样的球需要重打，因此，提高塑料球的耐打性就成了急迫的问题，改变材质就成了唯一的选择。 从 38 毫米的球改为 40 毫米，但实际生产的球不到 40 毫米，是 39＋，改为塑料球以后，国际乒联要求球必须到 40＋。 为了解决球易破碎的问题，在材质上也进行了改进，使球的硬度加大了，球的重量也随之增加了。最后的结果是球加大了，球重了，材质变了，旋转减弱，球速减慢。运动员必须发大力才能使进攻更有威胁，由于板板都要发力，伤病就增多了，对体能的要求越来越高了，以至于因伤弃权的运动员比比皆是。

由于乒乓球是由不同的厂商生产的，材质不尽相同，球的大小、软硬度也不同。每使用不同的厂商生产的球，运动员都会感到不适应，给人的感觉是三天两头都在换球，让人无所适从，增加了比赛的难度。但这也是没办法的事，生产塑料球也是在摸索当中，没有统一的材质和标准，只能靠运动员自己去适应和调节。

我觉得值得思考的是：球加大、加重，主观愿望是希望加多来回次数，加大比赛的观赏性，是从乒乓球运动的发展考虑的。但实际的结果却造成了运动员的大面积受伤，严重影响了运动员的运动寿命。同时使乒乓球比赛变成了大力士的比赛，乒乓球的精髓旋转变化少了，灵巧少了，技巧的魅力少了，简单粗暴，得不偿失。我觉得这才是国际乒联应该慎重去思考的问题，换位思考，运动员才是比赛的主体，应多听运动员的声音。但愿国际乒联能听到我的声音，我还是做我的乒乓球梦吧！哈哈哈！

Q&A 2017年03月20日

问 请问吴指导，国际乒联频繁变规则，哪个规则的更改对中国乒乓球影响最大？为什么？

答 从 2000 年奥运会后国际乒联小球改大球以来，进行了很多次规则的修改：小球改大球、11 分制、无遮挡发球、有机胶水改无机胶水、赛璐珞球改塑料球、奥运会比赛项目把双打改团体、世锦赛双打同一国家运动员只能抽签分在同一半区、对参加奥运会和世锦赛运动员人数的限定，等等。这种大规模频繁地修改规则在世界体育比赛里相当罕见。绝大多数规则的修改都是为了打破中国人对乒乓球项目的金牌垄断。但是结果和国际乒联的初衷相反，修改一次大的规则，一批运动员倒下，再修改一次大的规则，又一批运动员倒下。欧洲运动员倒下后年轻运动员也一直起不来，而中国运动员倒下后，年轻运动员马上接班，这是由我们的举国体制决定的。结果，外国队和中国队的差距越来越大。差距越大，修改规则又越频繁，国际乒联陷入了怪圈。

对乒乓球运动影响最大的规则修改是把有机胶水改为无机胶水，对使用的器材起到了颠覆性的作用。马琳、王励勤是无机胶水的最大受害者，而对于欧洲的一大批老运动员来说，则加速了他们的退役。

对中国乒乓球影响最大的规则修改应该是对奥运会、世锦赛参赛运动员的人数限制，使中国队很多高水平运动员失去了参加奥运会和世锦赛的机会，加剧了中国队队内的竞争，使队内竞争变得更加残酷。

其实国际乒联正确做法是加强和中国乒协的合作，增强外国运动员和中国运动员的交流和学习，通过培训提高外国教练员的业务能力，学习中国队的先进训练理念和训练方法手段。而不是一味地靠修改规则来限制中国队，增加比赛的偶然性。

Q&A 2017 年 03 月 12 日

> 吴老师，乒乓球圈内是否有规定，不打对方 11 比 0？您能说一下吗？

其实乒乓球运动是一个很绅士的运动，运动员的优良品德和修养都能在激烈的比赛中表现出来。尊重裁判、尊重对手是最基本的体育道德。因此，当比赛出现 10：0 的时候，任何运动员都会让一分，别让对手难堪，这没有任何规定，全是运动员自发的行为。

在比赛中还会经常出现这种情况：当出现裁判明显错判而在运动员申诉后坚持原判，被判得分一方也认为是错判，裁判又坚持不改，这时运动员都会下一球主动失分，还对方一分，此时会赢得全场观众的掌声。还有当比赛中出现擦边球和擦网球时，得分一方都会举手表示歉意。现在比赛中，也经常会出现为一个球争执不下的情况，这是双方运动员的权利，出现争执都是在比较关键的时刻，一分球的得失将关系到整场比赛的结果。由于乒乓球球速太快，有时很难判断是错是对，这就需要考验运动员的素质，大多数情况下，认为自己是失误的一方会主动示意裁判把比分改判回来。这体现了体育道德，会得到大家的鼓掌。但双方都坚持己见的时候，只能服从裁判的判罚。那些不尊重裁判、不尊重对手的行为都是大家所不齿的。

Q&A 2017年04月27日

问

吴爸爸您好！滚地撒娇~趁大家都在封闭训练，问点搞事情的问题！1.为什么男队球员都习惯在比赛前，在众目睽睽之下扎裤子？虽然这个是对迷妹很好的福利，但是为什么不在出场前就做好准备？2.许昕的短裤为什么感觉比其他人的短？希望可以看到吴爸爸正经脸回答不正经的问题！

答 你的提问有意思，不过在直通比赛的时候我就注意到了这个现象，运动员在比赛马上开始之前扎短裤，然后迷妹们一阵兴奋。哈哈，感觉有点不雅。其实这个动作是很多运动员的一种习惯，因为短袖扎在短裤里系紧裤腰带会感到很不舒服。现在年轻人穿短袖时没有人把短袖扎在短裤里，这也是一种时髦。把短袖扎在短裤里的人基本上都是50、60、70后，那时这种打扮显得人精神。而现在讲究的是休闲、舒适。但在比赛场上，我们要求运动员必须把短袖扎在短裤里，是因为短袖如果不扎在短裤里会影响发球，上衣太宽松，发球时容易发到衣服上而失分。比赛中遇到追身球也容易碰到衣服上而失分，这是根据比赛的情况而要求运动员这么做的。因此，在比赛前都尽量是宽松一些，在比赛开始时才把短袖扎进短裤里，把裤带系紧。从现在文明的角度看确实不够雅观，但从个性和舒适的角度看，也是可以理解。由于运动员个子高矮不一，高的人就显得短裤短一些。不知道我回答的你的不正经问题是否让你满意？

Q&A 2017年05月22日

问

吴爸，国乒的行李中怎么有女双奖杯啊？ 不是还没开始比赛吗？ 难道每届都用这个奖杯？上面会不会刻上每届的获奖人的名字？请吴爸做最权威解答，谢谢！另外，在随行的人员中看到了崔庆磊和大胖，非常感谢这些幕后英雄，请吴爸转达我们对他们的敬意！

答 这是国际乒联制作的冠军奖杯，一共有7座奖杯，每个项目一个，谁夺得冠军后都会在奖杯上刻上自己的名字。 由于这些奖杯都是流动奖杯，谁取得冠军后奖杯就可以带走，但在下一届比赛之前必须带回来交给组委会。 如果谁能够连续三届夺得单打冠军，国际乒联会为此复制一个奖杯，奖励运动员，让他们永久保存。 在我的记忆里好像只有庄则栋和王楠获得过这种殊荣。 由于大多时候都是中国队捧杯，每次带来带去怕损坏，所以专门去定制了箱子。 因此，每次世界大赛之前把奖杯带去比赛就是家常便饭。 当然，这次带过去的奖杯我们还是要把它带回来的。 混双冠军奖杯应该在韩国，由韩国队梁夏银负责带过去，但基本上就带不回去了。 我们也带不回来，混双都是跨国配对，即使拿了冠军，也会让跨国配对的运动员去享受一下成为世界冠军的喜悦和自豪之情。

吴指导与你看乒乓：
近期精彩赛事点评

吴指导与你看乒乓：近期精彩赛事点评

国际乒联职业巡回赛卡塔尔站（简称卡塔尔公开赛）
比赛时间：2017.2.21—2017.2.26
比赛地点：卡塔尔多哈

Q&A 2017年02月24日

问 吴爸爸，对于昨晚梁靖崑的那一个决胜争议球您怎么看，对这种争议的情况梁靖崑这样处理是否妥当？这种争议球并不少见，比如2016年国际乒联总决赛中，马龙和樊振东也有一个争议球，对这种情况国际乒联是否考虑会引入新技术（如鹰眼），对此做出改进？

答 昨天晚上我在直播平台上看了梁靖崑和松平的比赛,那时大比分 2∶3 落后,追到 3∶3,决胜局梁靖崑 8∶10 落后追到 10 平。 在握有一个赛点情况下,梁靖崑主动进攻,松平退到中远台放半高球,梁靖崑侧身进攻打了一个擦边球而引起了争议。 从梁靖崑侧身进攻的角度看,打出的球有可能是上边,得分;也有可能是下边,失分。 关键取决于裁判的判罚。 由于是网络直播,没有重放,场外人无法判断得失。 从现场直播看,松平好像要求放重播,但是没有画面出现。 争执了一会儿,裁判坚持原判,最后松平签字认输。 从梁靖崑在场上的处理来看,在双方争执不下的情况,服从和尊重裁判的判罚是没有问题的。

这种情况在比赛中屡见不鲜,因为一个意外球的判罚而决定了一场球的得失。 我记得在 2008 年北京奥运会男乒争夺三、四名的比赛中,老桑对佩尔森,老桑在大比分领先、小分又领先的情况下,出现了一个有争议的擦边球。 双方争执不下,裁判也犹豫,请来了裁判长,最后决定重打,这一分不算。 这在乒乓球比赛历史上是没有过先例的。 最后老桑痛失铜牌,在奥运会夺得一块奖牌的愿望,至今也没有实现。 现在很多运动项目在国际比赛中都采用了鹰眼,保证了比赛的公平性。 但有些项目一直不采用鹰眼,觉得误判错判也是比赛的一部分。 鹰眼在乒乓球项目上的运用有什么技术难度我也不懂,国际乒联会不会采取什么措施我也不了解。 我个人认为为了比赛的公平,在有条件的情况下,还是应当采用鹰眼技术。 有时候一个球就决定了运动员的一生,做到公平比赛就不会留下遗憾。

2017 卡塔尔公开赛
梁靖崑 4∶3(11∶7/11∶8/8∶11/9∶11/6∶11/11∶9/13∶11)松平健太(日本)

Q&A 2017年02月24日

问

吴指导您好，对于昨天晚上方博对阵韩国选手张宇镇的表现您怎么点评？方博的水平肯定是在对手之上，为什么会赢得如此胆战心惊？接下来的比赛又该如何调整呢？

答

昨天晚上方博对张宇镇的比赛引起了大家的注意和关心。最终比赛打满七局，方博险胜。从比赛的局面上看，方博并不占优，第一局方博8：11输了，第二局4：8落后追回来，14：12赢了。第三局10：5领先，连输7分，10：12输了。第四局正常发挥，赢了。第五局2：6落后，11：9赢了。第六局7：9落后，10：9领先自己发球。最后连输3分，10：12。决赛局开局很好，11：3拿下比赛。方博的优势体现在发球轮和正手的抢攻上。发球轮得39负32。接发球轮得36负34。正手进攻得分主要体现在正手位的反拉和对拉上，而侧身进攻相对失误多。张宇镇的优势也是在发球轮和正手进攻上，两个人的优势重叠，都属于搏杀性的对抗，发挥起伏很大，连续得分和连续失分的情况很多。双方连续失分4分的情况出现了10次之多。特别是第三局方博10：5领先后连输7分，根据方博的经验和能力不应该出现这样的情况。在第六局尾局方博7：9落后，追到10：9领先，发一个小三角的球想侧身抢攻，结果发球失误。10：10，自己接发球摆短被对方反手拧拉得分，10：11落后。这时方博发了一个长球侧身抢拉挤着了，拉球失误。这两个关键时刻发球后搏杀的战术是方博的惯用战术，但是经常效果不好。这需要

总结，在关键球的处理上用什么方式最适合自己。另外在和张宇镇反手的相持中也没有占到什么便宜。在接发球摆短后的争抢中优势比较明显。这场球虽然打得艰苦，但总算赢得了比赛。有时候艰苦地赢得比赛反而会增加自己的信心。作为方博来讲，要想冲击2020，对反手能力的认识要加强，正反手技术的均衡很重要。关键球的处理要找到以我为主的方式，能够控制局面。搏杀需要胆量，但也需要运气。祝方博在后面的比赛越打越好。

> 2017 卡塔尔公开赛
> 方博 4 : 3（8 : 11/14 : 12/10 : 12/11 : 7/11 : 9/10 : 12/11 : 3）张宇镇（韩国）

Q&A 2017 年 02 月 24 日

> **问** 吴指导，刚才小胖和大胖的双打组合与法国对手之间有哪些差距？感觉对方配合很默契，我们对于双打是不是练习得比较少呢？

答 今天小胖/梁靖崑在对法国的双打中 0 : 3 失利，超出了大家的想象，也超出了我的想象，但仔细看，他们在比赛中完全处于下风，输球必然。两人从单打实力上明显高于法国队，但在双打的配合上差距很大。法国队是一左一右配对，最大特点是接发球反手拧拉，以及后面的衔接很有章法，肯定配合过很长时

间，几乎都能全台使用正手进攻，在相持球中小胖/梁靖崑只能防守。 小胖和梁靖崑的配对存在很大的问题，初次配，找不到感觉，不知该怎样去配合，纯粹靠个人能力去打，没有章法。小胖发球轮和接发球轮第一局胜6负2，梁靖崑胜1负9。 第二局小胖胜2负5，梁靖崑胜2负6。 第三局小胖胜6负4，梁靖崑胜3负7。 从这可以看出梁靖崑出了很大的问题，第一和第三局他的两轮发球接发球输了9分和7分。 第一局7：7时他的两个接发球被攻失分7：9，发球又被对方接发球直接拧拉得分失一分，相持中输一分，7：11。 第三局9：9，梁靖崑接发球摆短对方回摆半出台，樊振东抢拉失误9：10，最后一个球梁靖崑直接摆短失误9：11，输掉了比赛。 在整场比赛中，被对方接发球直接拧拉得分9分，小胖/梁靖崑在接发球被攻失分7分。 没有办法去对付对方拧拉的球，接发球仅限于摆短和拧拉。 在相持中也很少主动给直线，对方全在侧身位等着用正手进攻。 正确的战术应该是两个人反手球坚决给直线，对方接发球拧拉以斜线为主，抓住他们的习惯线路正手抢拉直线，超出对方的预期。 接发球梁靖崑以摆短和劈长为主，小胖可以灵活，因为小胖的质量高。 所以他们俩的双打必须经常练习，进行技术组合，知道两右手配对的一些基本战术，这需要时间。 梁靖崑在场上的应变能力和技术能力都必须有很大的进步才能跟上小胖的节奏。

2017 卡塔尔公开赛
樊振东/梁靖崑 0：3（7：11/4：11/9：11）弗洛雷/莱贝松（法国）

Q&A 2017年02月25日

> 吴指导，您好！ 您怎么点评方博和许昕的这场比赛？ 许昕继大循环后，再一次输给了方博。 您觉得许昕现在最需要改变的是什么？ 作为许昕的粉丝，非常希望他能尽快渡过难关。 期待您的回复！ 谢谢！

昨天许昕和方博的比赛打得不尽如人意，0∶3落后连追两局，最后还是2∶4败北。 队内相互之间非常熟悉，也没有什么心理负担，就看谁能够抑制对方的优点而取得胜利，胜负都是正常的事情。 不过从昨天的比赛看，两人的争夺实际上是第三局，许昕8∶4领先时没有抓住胜机，连输6分8∶10落后，又追两分10∶10，最后12∶14输掉了很关键的一局，造成0∶3落后的不利局面。 这一局要是拿下，后面就是3∶2许昕领先，第六局许昕9∶5领先时方博就可能已经崩溃了，很难把比分追回来。 没有如果。 在里约奥运会后的比赛中，许昕经常是大比分领先时被对手追，这和马琳在萨格勒布对王励勤7∶1领先被王励勤追回而丢掉了整场比赛，在后来的超级联赛中一到7∶1、7∶2就会出现连续丢分的情况非常相似。 说明奥运会许昕输给水谷隼后还没有从阴影中走出来。 就像刘国梁教练说的，奥运会输一场球就是输一辈子。 当然许昕是团体赛输球，没有单打输球那么恐怖。 克服大赛输球带来的心理阴影需要时间。 从昨天比赛的技术上看，许昕在接发球环节出了很大的问题，得19负24。 其中反手拧拉得4负10，使用率32.5%，成功率28%。 摆短得7负6，使用率30%，成功率53.8%。 说明在接发球时

过多相信自己的反手拧，而效果是最差的。以后许昕在接发球这个环节上必须进行调整，拧拉对许昕不是好办法，不能作为主要的技术使用。摆短许昕不够自信，但效果不错，适合直板的特点，这必须去加强。需要对自己的技术有个重新的认识。在发球轮，方博主要采用拧拉技术为主，使用率60%。许昕在处理这个球时分12负14。其中被拧直接失分11，反面抽反而得8负1。这说明许昕在反面技术上有很大的空间，一定要从直板单面中跳出来，这也是许昕对内成绩不好的原因所在。调左压右是许昕在技术上必须解决的瓶颈。

2017 卡塔尔公开赛
许昕 2 : 4（6 : 11/7 : 11/12 : 14/11 : 4/11 : 4/11 : 13）方博

Q&A 2017年02月26日

问

吴爸爸您好~今天凌晨刚刚结束的方博与樊振东的半决赛可谓精彩绝伦，双方一起打满了7局，整个过程看得人十分紧张，第六局两人甚至打出了13 : 15的比分。能否请您评价一下这场比赛中方博和樊振东各自的表现如何呢？

答

昨天晚上小胖和方博进行了半决赛的比赛，由于时间太晚，我本想第二天看回放。但还是忍不住爬起来看了直播，就

想看小胖在场上的应变是否和我想的一样。 这场球双方都打得非常好，打满七局，让各自球迷的心情随着比分的变化跌宕起伏。 方博在这次比赛中发挥很好，战胜许昕和梁靖崑以后信心大涨，对小胖的比赛也准备得很充分，战术也有比较大的改变，但终因实力上的小小差距而以3∶4憾负。 虽败犹荣，很多球迷都说方博的反手提高了，球涨了，我也有同感。 至于小胖，我现在对他的要求是在东京奥运周期，一定要从心智上突破，在场上和对手斗智斗勇，见招拆招。 因为小胖是实力派，变化相对少，见招拆招就是最大的应变能力。 这场球，我从小胖身上看到了我想要的一些东西，有很大的进步。 特别是在第六局握有三个赛点的情况下输掉了比赛，大家认为可惜。 确实小胖在10∶9、10∶11、12∶11时正手连续两个推挑失误，一个反手在斗短时拧拉失误，处理不够好。 在13∶12再次领先时我觉得小胖应该叫个暂停，但小胖没叫。 我就想为什么？ 一般情况下，连续错过两个赛点，当出现第三个赛点时一定要暂停，错过了双方心态就不一样了，一旦对方领先就很容易拿下这一局。 我观察了小胖的表情，很坚定，不为所动，不急于拿下比赛。 13∶13接发球时果断反手拧拉方博正手，质量非常高，这时方博已经侧身了准备正手抢拉，但这个球失误了。 可我觉得很高兴，说明小胖对方博的心理猜得很准，处理球的意识非常好。 从整个第六局的处理方法上，我看到了小胖的大格局，到了决赛局小胖依然打得很果断，没给方博任何机会。 这是小胖逐渐走向成熟的表现。 从技术上讲：发球轮小胖＋27－24，接发球轮＋28－30，主要吃亏在接长球的处理上有漏洞，相持球＋16－10。 从比赛的局面上看很紧张，实际上都在小胖的控制范围内，掌握着比赛的节奏。 两个人都采用了拼短球的战术，方博因为反手相持能力不如小胖，采取了斗短球的战术。 而小胖必须防备方博发长球的搏杀战术，采用少拧多摆的战术，撞车了。 结果小胖发球，方博摆短＋14－21，方博反手拧＋6－7。 和想

象的反了。方博发球,小胖摆+10-12,小胖拧+10-9。长球小胖+5-8。正常。在相持球上,小胖正手+7-3,反手+9-7。在比赛中,小胖的反手抽直线球的运用非常好+6-3,回到了小胖打球的节奏,这是我很高兴的一点。有一段时间小胖追求正手的进攻能力而丢掉了反手的优势,导致联赛连连输球,我急忙赶过去给他进行了意识上的调整,现在看到了效果。从总的环节上都是小胖占优,结果就不言而喻了。谢谢他们为我们奉献了一场精彩的比赛,也祝愿球迷们越来越专业。

> 2017 卡塔尔公开赛
> 樊振东 4 : 3(9 : 11 / 11 : 3 / 12 : 10 / 5 : 11 / 11 : 6 / 13 : 15 / 11 : 8)方博

Q&A 2017 年 02 月 27 日

> **问** 恭喜马龙第三次夺得卡塔尔公开赛男单冠军,请问吴指导你怎么点评马龙对阵樊振东的这次比赛?

答 今天晚上进行的男单决赛没有那么激烈,马龙完全把握了比赛的主动权,前两局在尾局的争夺中马龙占据了上风,两个 11 : 8 拿下,第三局乘胜追击大比分拿下,3 : 0 领先把小胖的劲头给打压下去了。小胖的机会其实在第一局,开局小胖打得很好,马龙发长球的战术并未奏效。但马龙在 5 : 7 落后的时候接

发球大胆挑了一个小胖正手，这球出乎小胖的意料，他几乎没反应。接着又摆了一个小胖反手位小三角短球，小胖回摆出半机会球*，被马龙抢冲得分，又超出小胖的想象。这两个球可以看出马龙的主动变化能力。这造成小胖连丢4分，被动局面马上逆转。在马龙3∶0领先后，技术上有所保留，给了小胖连追两局的机会。但在第六局，马龙重新发动，一开局采用连发长球的战术，小胖虽然猜到了马龙会发长球，但反手失误了，连丢两分。马龙接发球又摆了一个小胖反手小三角，小胖回摆被攻失误，0∶3。小胖叫了暂停，但也没能扭转被动局面，最终4∶11输掉了比赛。从这可以看出马龙对小胖是有心理优势和技术优势的，对比赛的把控收放自如。小胖想超越马龙这座大山还必须付出加倍的努力。从技术上看：小胖发球轮，+28−22，接发球轮+18−25，相持球+3−8。小胖原来的相持球优势没了，接发球又跟不上马龙的变化。正手的对抗上+4−7，特别是前三局正手的进攻和对拉失误很多。所以在技术环节上出现了差距，这是小胖必须认识到的问题，不像前几次是输在经验上。另外，大家都很关心小胖的膝关节是否有伤，比赛后我打电话和小胖交流了一下比赛的情况，顺便也问了他膝关节的情况。小胖告诉我，由于联赛脚踝受伤后，下意识保护，膝关节用力过多后稍微有点损伤，但不是很严重，抓紧治疗会很快恢复。谢谢大家的关心。

2017 卡塔尔公开赛
樊振东 2∶4（8∶11/8∶11/7∶11/11∶5/11∶6/4∶11）马龙

* 半机会球：是指不完全是机会球，但处于可以进攻的球。

中国乒乓球队第 54 届世界乒乓球锦标赛选拔赛（简称直通杜塞）

比赛时间：2017.3.3—2017.3.10
比赛地点：中国深圳

Q&A 2017 年 03 月 04 日

> 吴指导，您怎么看待小胖继上次大循环之后又一次输给林高远？感觉小胖的实力还是占优势的。

小胖直通比赛首场输给了林高远不是很正常，包括大循环输给林高远和周雨，说明在对付左手横板打法上还存在一些问题，反手的强势发挥不好，总是被对方调动。另外一个很重要的原因是我退休以后，小胖在国家队集中训练时练得不踏实。我在的时候每天盯得很紧，经常加班，技术练得很厚实，比赛就有底气。最近脚和膝关节有伤，也影响了训练。从昨天的比赛看，小胖显得不够兴奋，比赛的底气不足，技术状态不是很好。第三局 5：3 领先被追到 5：5 时自己叫了暂停，说明心虚了。按正常状态比分正胶着，没必要叫暂停。其次站位离台稍远，正手进攻往上拨得多，由于改球，旋转减弱，效果就大不如以前了，反被林高远反手反抽。比赛后和小胖进行了总结，在技术状态不是很好的情况下，主要是调整好心态，把自己放在去拼每一对手的位置上，不能打控制球，要打出自己的技术特点，有朝气，富有进攻精神，看淡比赛结果。林高远昨天和小胖比赛打得很好，在比分落后的情况下，敢于出手，非常坚决，最后反败为胜。在比赛之前我和林高远交流过，总结了大循环打得不好的原因，就是想赢导致包袱重。这次直通，主要调整心态，不抱幻想，打好眼前的每一场球，展现自己的技术能力就好。

其实运动员打比赛，打的是心态，想法多就会出问题。没有想法是不可能，谁都希望出奇迹，但谁都能出，就不叫奇迹了。所以还是立足做好自己，把握过程，少想结果。

> 2017年直通杜塞尔多夫世乒赛
> 樊振东 1：2(11：5/8：11/8：11) 林高远

Q&A 2017年03月04日

问 吴爸爸能点评一下昨晚龙队跟周启豪那场球吗？龙队的问题出在哪里，以及为什么您当时会选择临时跟着叫个暂停？

答 周启豪和马龙的比赛出人意料，周启豪 2：1 战胜马龙。这场球并不是周启豪打得有多好，而是马龙第一局自己主动失误太多送给周启豪一局，第二局都在马龙的控制当中正常拿下。关键是第三局 2：2 后，马龙比分开始落后，2：5 落后交换场地，最后马龙在 7：10 出现三个赛点的情况下毫不手软，连得三分。特别是在 8：10 马龙发球时连发两个长球直接得分，看出了马龙的底气和自信。但在 10：10 以后，两个球处理不好，输掉了比赛。我认为马龙输球的根本原因是对困难估计不足，因

为周启豪和马龙的技术水平根本不在一个层次上。后面在第三局2∶2后有点紧张，造成连续失分2∶5交换场地，这时马龙叫了暂停。暂停结束后比赛继续进行，马龙准备发反手球。马龙变换发球，是想通过变换发球扭转被动局面，而过去很多运动员都在这个时候吃了亏，被逆转。所以我马上又叫了暂停，给周启豪交待了马龙发反手球的意图和落点，以及周启豪应该怎样去处理。我的目的是要给马龙施加压力，尽可能使马龙的发球变化起不到偷袭的效果，只要正常打，马龙比分一直落后周启豪才有可乘之机取得比赛的胜利。事实证明这个暂停叫对了，起到了很好的作用，让比赛按照我的设想进行，打乱了马龙的节奏。

> 2017 直通杜塞尔多夫世乒赛
> 周启豪 2∶1（11∶4/6∶11/12∶10）马龙

Q&A 2017 年 03 月 05 日

问 吴指导，您怎么评价今天下午许昕与方博的比赛？您认为许昕与方博各自的状态如何呢？谢谢您！

答 许昕与方博的比赛是许昕取得了胜利。许昕最近在队内比赛和卡塔尔公开赛都输给了方博，引起了大家对这场比赛的关注。我在卡塔尔公开赛时的微博问答里专门就许昕输给方博这场球进行了评论，进行了技术统计分析。这次作为特邀嘉宾来

到深圳，刘指导对我说希望我能担任我曾经的教练组队员的场外指导，我非常高兴。由于卡塔尔比赛时特别关注了许昕和方博的比赛，知道许昕输球的原因，所以在比赛的战术上进行了较大的调整，让许昕坚定地执行接发球以摆短为主的战术，加强在台内球争抢中正手挑打的力度和下一板球的衔接。这个战术在比赛中收到了非常好的效果。

其实有时在比赛中，运动员输球和战术的运用不当有关。许昕在这次直通比赛中的发挥属于正常，有的场次赢得非常艰苦。我在比赛中对许昕的技术运用提出了一些新的要求，许昕也在执行，希望通过比赛找到一些解决技术上问题的办法。方博虽然输了两场球，也属正常，3局2胜的赛制本身对运动员要求很高，没有调整的时间和空间，一上场就必须全力投入，所以偶然性很大。相信方博在后面的比赛中会越来越好。

> 2017年直通杜塞尔多夫世乒赛
> 许昕 2∶0（11∶7/11∶7）方博

Q&A 2017年03月05日

> **问**
>
> 吴爸爸，今天龙队的状态非常好，昕爷之前也是五战五胜，今晚的龙蟒大战非常精彩了，想听听您怎么评价这次比赛？龙队和昕爷在今后比赛中需要注意的点还有什么？

答 今天许昕和马龙进行了一场激烈的角逐,最后是马龙2:1战胜许昕。 这场球实际上是这次直通的决赛,所以双方都调动得非常充分,双方都在算计对方的战术意图。 开局马龙发球,许昕接发球摆短,马龙搓长,许昕连续主动进攻失误,这两球在许昕的算计当中,知道了但没抓住。 由于无谓失误,许昕在第一局陷入被动。 第二局马龙依然控制着局面,但在5:3领先时一个机会球正手拉丢,许昕抓住机会,连续打出了几个非常漂亮的球,实现了逆转。 在第三局开局,许昕采用第一局的战术,但马龙算准了许昕的想法,连续回摆两短球,出乎许昕的预料,在开局占据了主动,迫使许昕在0:3时叫了暂停,在2:6落后时连追3分,5:6,两人在台内展开短球的争夺,许昕抓住机会一个飞身暴挑斜线被马龙等在正手位防了个回头,5:7。 这个球就是压倒许昕的最后一根稻草。 后面的球马龙的处理超出了许昕的想象,彻底击垮了许昕,以11:5取得比赛的胜利。

这场球两人都打得非常好,但整体上还是马龙占据上风,许昕相对无谓失误比较多,同时马龙抓住了许昕反面的漏洞,在算计上马龙走在了前面。 许昕这场球虽然输了,但我还是很满意,基本贯彻了我的战术意图。

赛前我要求许昕采用接发球以摆短为主的战术,短球敢于发力挑打,让我听到击球的声音。 听到声音就说明发上力挑实了。 其次一定要敢于采用反面抢抽,改变单面进攻的意识,敢于搏杀,发球敢于发斜线小三角出台球后侧身反拉。 这些要求,许昕在比赛中都体现出来了,也看到了今后技术发展的方向。 不足的地方在于算到了没抓住,无谓失误比较多,在第三局比分落后的情况下,搏杀不够坚决,反面技术还存在漏洞。 通过比赛逐渐找到了一些今后需要改进的地方,关键在于改变的决心和训练方法手段。 我希望许昕在后面的比赛中继续进行新的尝试，为冲击 2020 年打下坚实的基础，在技战术的创新上勇往直前。

> 2017 年直通杜塞尔多夫世乒赛
> 许昕 1 : 2（6 : 11/11 : 7/5 : 11）马龙

Q&A 2017 年 03 月 06 日

问 吴指导，我是梁靖崑球迷，他在乒超联赛的发挥一直很稳定，刘国梁也专门夸奖他打法先进、有潜力，可是今天和许昕这一场球怎么好像完全不在状态啊？优势也发挥不出来，看得好急……这是怎么回事呢？求吴指导的专业点评，这场比赛一定要好好总结才行！

答 今天梁靖崑和许昕的比赛出现了一边倒的情况，打得梁靖崑一点抵抗力都没有就输掉了比赛，这是目前为止梁靖崑打得最差的一场。主要是今天许昕改变了战术，和以往比赛的战术完全不同，打乱了梁靖崑的节奏，出乎他的预料。过去许昕发球梁靖崑都有机会反手拧起来进入相持，今天许昕经常发正手小三角球侧身反拉，再配合直线长球，打乱了梁靖崑接发球的站位。梁靖崑想控制接发球的质量又导致无谓失误增加。在梁靖崑发球时许昕采用摆短后抢拉和快搓反拉的战术，也出乎梁靖崑的预

料。所以整场比赛很快就结束了。通过这场比赛，看到了许昕在前三板技术的使用上更能和自己的技术特点结合起来，很长时间没有看到许昕这么流畅的比赛了，打出了直板的特点。也暴露出梁靖崑在对付左手运动员时正手的接发球能力不够，手法单一，应变能力不够。整体技术不够细，无谓失误很多。这是在今后训练中必须下狠功夫解决的问题。希望梁靖崑在后面的比赛中逐渐找到自己的比赛节奏，提高自己的应变能力，充分发挥自己力量足的特点，逐渐形成自己的技术体系。

> 2017 年直通杜塞尔多夫世乒赛
> 许昕 2∶0（11∶4/11∶5）梁靖崑

Q&A 2017 年 03 月 06 日

问 吴指导您好。我是许昕球迷，很感谢您对许昕的帮助，看了今晚许昕对林高远的比赛，您能就许昕抓不住关键局关键分的原因分析一下吗？究竟是心态原因还是技术原因。谢谢，祝您身体健康！

答 今天许昕对林高远这场球确实让人为许昕难过，在决胜局 9∶5 领先的情况下连输 5 分，10∶10 后被林高远搏杀成功，以 11∶13 输掉比赛，也输掉了明天和小胖拼第一的机会，丧失了直通出线的机会。这对许昕来讲是非常致命的错误，在大好形

势下把比赛打输了。其实许昕在今天的比赛中打得非常好，对梁靖崑打出了非常好的球。在对林高远的第一局也打得非常流畅，但从第二局2：1领先开始，接发球抢拉半出球就非常随意，给我的感觉是状态太好收不住手，处理球不严谨，连续失分，丢掉第二局。在第三局9：5领先时处理球非常不好，无谓失误很多，算计不够，显得没有什么办法得分，又打回了原形。这次比赛我要求许昕在比分领先时要加快节奏，快速结束战斗，不和对方纠缠。这是培养许昕的战术素养，改变比赛节奏太慢的毛病。所以许昕在第一局打得非常流畅的情况下，第二局依然打得很快，这就不对了。刚开局，比分还没有拉开，只能一个球一个球的去算，把比分抠得很细，领先以后才能加快节奏。决胜局9：5领先被追是心理问题，在处理球上急于求成，犯了不应该犯的错误。怎么去面对心理的不稳定是许昕在新的奥运周期必须解决的首要问题，要不然有再好的技术关键时刻也不敢用你。

> 2017年直通杜塞尔多夫世乒赛
> 许昕 1：2（11：4/6：11/11：13）林高远

Q&A 2017年03月07日

> **问** 吴指导好，关于许昕在这次直通比赛中的表现，想听您点评一下。如果想在血战到底中胜出，他需要做哪些调整？谢谢。

答 第一阶段的直通比赛结束了，最后是小胖拿到了入场券。许昕在和林高远的比赛中没有把握住机会，失去了和小胖一决高低的机会。今天晚上许昕和小胖的比赛开始前，刘指导亲自给他俩加压。小胖必须拿下，志在必得。而许昕必须把小胖拉下马。结果比赛一边倒，小胖2：0轻松战胜许昕。

从许昕在这次直通的整体表现来看，我非常满意，达到了我对许昕今后技术发展的设想，使我看到了希望。唯一不满的是对林高远的那场，第三局9：5领先却输掉了比赛，说明许昕在心理上和技术都存在问题。在9：5领先时，许昕也非常想赢得比赛，但几个球处理不合理，说明许昕在心理上存在阴影。许昕在比赛中经常出现领先后输掉比赛的情况，受到大家的批评，他也因此内心不够强大，人云亦云，怀疑自己。所以一到领先反而心里打鼓，怕赢不下来又要被说，特别怕输。处理球时就不合理，出现无谓失误。一旦被对方追平比分，前三板又没有在关键时刻一锤定音的手段，只能搏杀看运气。

技术是根本，没有技术，心理素质再好也没用。但没有好的心理素质，技术也得不到充分发挥。所以许昕出现的问题是心理和技术两方面的。首先是许昕要敢于面对心理的问题，内心不够强大，就要下决心从平时一点一滴做起，严格要求自己，磨练克服一切困难的勇气，练心，使内心越来越强大；在技术上要有破釜沉舟的勇气，大胆创新。俗话说艺高人胆大，胆大艺更高。

我之所以说对许昕这次比赛很满意，是因为许昕在比赛中始终贯彻了我的战术意图，在打法风格上有所突破。我这次要求他：1.接发球以摆短为主，配合劈长。劈长反拉是许昕的强项。减少反面拧拉，拧拉和拧拉后的衔接是许昕的弱项。摆短后，加大挑打的力度，并把下一板的衔接跟上。2.在发球上学一板发出台小三角球，迫使对方拧不了用正手拉许昕反拉，这也是许昕的强项。 这是今后发抢的突破口。 3.对方拧拉到反手时坚决用反面反拉配合侧身，改变全台正手侧身反拉的单面拉意识。 4.改变正手侧身拔的意识，加快击球点，正手进攻连拔带冲。 5.正手进攻多拉直线，然后衔接反面拉，伺机侧身连续进攻。 我这些要求，许昕都做到了，让我看到了突破的希望。

许昕对梁靖崑的这场比赛很精彩，我很长时间没看见打得这么酣畅淋漓的球了。 虽然这些技术在使用过程中还存在很多问题，但我和许昕看到了突破方向，会在今后的训练中加倍去提高改进。 我相信许昕一定能够有大的突破，我给许昕定的目标：2017、2019年的世乒赛单打一定要拿一次冠军。 谋事在人，成事在天。 我祝福许昕。

Q&A 2017年03月08日

问 恭喜小胖！ 风雨过后总会有彩虹！ 恭喜小英雄归来！ 吴老师，能不能谈一下您现在的心情和感受？ 小胖可是您的心头肉啊！

答 说实话，我这次并不看好小胖能拿到直通票。 在卡塔尔决赛小胖输给马龙后，我第一次感到了小胖在技术上和马龙有差距。

我2号晚上很晚才到深圳，没来得及和小胖许昕交流。 没想到小胖第一天比赛就输了两场，我做场外指导第一次感到了小胖的力不从心，最擅长的反手优势全无，再加上脚又出了点情况。 所以比赛结束后我把小胖叫到了房间，先是询问了脚的情

况，然后针对小胖目前的状态提出了要求：首先是脚伤影响了跑动，战术上进行调整，减少侧身，尽量站位近台，用反手的强对抗进行周旋，学会在脚受伤的情况下打好比赛；其次在心态上进行调整，不以直通为目标，主要着重于摸索在使用新球后技术上应该做怎样的调节，新球会对训练比赛带来哪些规律性的变化，为世乒赛做准备。在这种情况下全力打好后面的每一场比赛。在小胖的努力下，后面的比赛越打越好，脚伤也逐步恢复，在最后和马龙的决战中挽救了三个赛点，在关键时刻打出了几个超级神球逆转马龙，拿下比赛。这场球小胖打得非常好，关键在第一局小胖反手拧拉了几个马龙正手空档，牵制了马龙的侧身进攻，拿下第一局，但在后面两局还是马龙控制了场上的主动权，小胖是靠几个神球侥幸赢得了比赛。

  这次比赛小胖最大的收获是找到了换新球后技术上调整的方向，又意外获得了比赛的最后胜利，为冲击 2017 年世乒赛增强了信心。这是我最高兴的地方。但这次比赛不能说明什么，和马龙的差距依然很大，要想在大赛战胜马龙和继科，小胖还有很长的路要走。看准目标，不懈地努力，不断丰富提高自己的综合实力，自己的追求一定能够实现。我会永远伴随在小胖身边。

Q&A 2017 年 03 月 08 日

> **问** 吴教练你好，您的神暂停令人惊叹，粉丝频频刷屏"被暂停支配的恐惧"，你能解释一下"暂停"在乒乓球比赛中的奥秘么？

答 在这次直通比赛中,马龙和周启豪的比赛引起了大家的热议,周启豪在比赛中向马龙发起了冲击。当比赛进行到第三局决胜局,马龙在2∶5落后时叫了技术暂停,暂停结束后,当马龙刚准备改变发球采用反手发球时,我马上叫了技术暂停。场上出现了两次连续暂停的罕见局面。我当时叫暂停是看见马龙变换发球,知道他想"骗"周启豪,因为马龙在比赛中经常变换发球以实现逆转,我想打乱他的节奏,让周启豪知道马龙换反手发球的目的是什么,应该怎样去处理这个球。比赛继续进行后周启豪赢下了这关键的一分,以6∶2领先,给马龙施加了很大的压力。虽然马龙在3∶7、7∶10后顽强地把比分扳平,但在10∶10的争夺中周启豪没有浪费赛点,以12∶10取得了比赛的胜利,爆出了比赛的最大冷门。

这两次暂停,使大家体会到了乒乓球比赛的魅力,要斗智斗勇去争抢每一分球,从而引起了大家的惊呼。在后面的比赛中我也多次在关键时刻叫了暂停,并取得了下一个球的胜利,于是"被588暂停支配的恐惧"在球迷中疯传,似乎只要我在比赛中一叫暂停,对手的球迷就"瑟瑟发抖",惊叫588暂停了,好可怕。

其实暂停在比赛中的使用是一门学问,什么时候暂停,需要教练员根据场上比赛的情况而定。这需要教练员对对手和自己的队员有充分的了解,适时暂停对战术进行调整。刘国梁教练在奥运会、世乒赛上对暂停的使用屡屡取胜,让外国运动员感到了真正的恐惧。他们惊呼,打败他们的是中国队的教练。其实暂停的使用,是教练员和运动员斗智斗勇的过程,去算计对方运动员的心理、习惯,他打出的球是否在你的预判以内,是一个阅读比赛的过程。

一般情况来讲,暂停的情况有很多:1.在关键局比分领先后又被对手连续追分时需要暂停,缓解对方连续得分的势头,自己也做一些适当的技术调整；2. 在决胜局开局0∶3、1∶3、1∶4时，绝大多数运动员都会主动自己叫暂停，希望打乱对方的节奏；3. 在关键时刻，如8∶9、10∶9、12∶11等类似的关键分时教练员会叫暂停，希望拿下这一分或一局；4. 教练员会根据场上比赛的情况叫暂停，试图通过暂停打乱对方的意图，从心理上打击对手。 我自己在做场外指导时经常采用这种暂停方式。在周启豪和马龙的比赛时采用的就是这种暂停；在樊振东和闫安的比赛第二局11∶11时，闫安发球，我叫了暂停，因为闫安前一个球发了小三角球得分，我不希望闫安再发这种球。 我的目的是告诉闫安我知道你会再发小三角球，我已经让小胖做好了准备，这迫使闫安变换发球落点。 结果闫安真上当了，发了个正手短球，但在争抢中小胖失误了。 因为小胖只要拿下接发球这一分，下一个发球就能拿下比赛；以前在王皓和老桑的比赛中，老桑知道王皓正手短球接反手发球差，只要老桑第一个反手发球后得分，我马上叫暂停。 外国运动员有个习惯，只要中国队教练叫暂停，第二个发球肯定改变方式。 因此我用暂停迫使对方改变发球，掩盖王皓的接发球漏洞。

　　暂停的种类非常多，没有固定的模式，都是根据场上比赛的情况而变换的，其中也有规律可循，这就必须靠教练员的智慧和阅历。 在林高远和马龙的比赛中，当林高远拿下第一局，第二局9∶8领先时反手拉丢了一个机会球，这时我心里咯噔一下，犹豫了一下要不要暂停。 因为我在这时没算准马龙发球的意图，同时也非常小心，不愿轻易使用暂停，认为即使输掉第二局，第三局关键时刻还能再用。 就是这一念之差，马龙发了一个小三角球直接侧身反拉，得分10∶9，比分反超，在这一刻我就知道已经被马龙逆转了，后悔自己的犹豫。 后面就再也没有主动叫暂停的机会了，只能是在比分落后时被动叫暂停，失去了取胜的唯一机会。

　　我想大家看了这个问答，会对暂停有新的认识，你就会在比赛中去判断什么时候应该叫暂停了，暂停叫得是否正确。你们就都成为专家啦。

> 2017年直通杜塞尔多夫世乒赛
> 周启豪 2：1（11：4/6：11/12：10）马龙
> 樊振东 2：0 闫安（12：10/17：15）
> 林高远 1：2（12：10/9：11/6：11）马龙

Q&A 2017年03月09日

问 吴指导您好！请问你怎样评价林高远和尚坤的这场比赛？赛点的时候您叫的暂停又起到了作用，您给高远布置了什么战术？

答 这场比赛其实林高远打得不好，比第一阶段紧张。因为这是淘汰赛，输一场就结束了。尚坤由于第一阶段没参加，还不太适应球台和比赛气氛，无谓失误很多，全是搏杀球。在第一局11：10的时候我叫了林高远两声，想叫暂停，林高远没听见，我也有点犹豫，没有坚决站起来。我就是想让林高远改变接发球方法，不要反面去拧拉，用正手摆短。结果林高远打得和我想的一样，赢下了第一局。其实我应该在林高远9：7领先、被追到9：8的时候叫暂停。但我好长时间没有看尚坤的比赛，吃不准他。我也知道从球路上看尚坤不好打，第一局对林高远非常重要，保守了没敢轻易叫暂停。林高远拿下

后，我庆幸没叫，保留了暂停。在第二局又打到了关键时刻，13：12时觉得应该没问题，后被尚坤追平。在14：13的时候我必须叫暂停了，如果这分拿不下，这局有可能输掉。我让林高远改变发球方式和落点，发侧旋到尚坤正手，如果尚坤摆短可劈长后反拉。结果尚坤采用了主动搓长到林高远正手位反拉的战术，但反拉失误，林高远2：0拿下比赛。这场球虽然赢了，打得不好，还得调整心态。今天尚坤状态再好一点，林高远就可能输掉比赛，赢得有点侥幸。需要总结，把下一场比赛打好。

> 2017年直通杜塞尔多夫世乒赛
> 林高远2：0（13：11/15：13）尚坤

Q&A 2017年03月09日

问 吴爸爸您好呀，您怎么评价今晚许昕对徐晨皓的比赛呢？第二局大蟒从9：5被追到9：8的时候，您叫了暂停，请问你说了些什么呢？（感觉您并没有说很多，并且表情十分严肃）

答 今天晚上许昕和徐晨皓的比赛应该说许昕打得很好，以2：0取胜进入血战到底的比赛。由于是淘汰赛，又是争夺小组出线权，我在赛前要求许昕必须拿下。同时我也提醒许昕，决不能拿大循环轻松取胜的心态来看这场球，对方肯定会和你拼。所以许昕投入很快，技术也发挥得非常好，大比分领先拿下第一局。 在第二局9：4领先时又出现了波动，被徐晨皓连追4分。在大循环比赛对林高远9：5领先被逆转后，刘指导对他提出了严肃的批评。 我赛后也批评了许昕，并要求许昕在比赛中再出现领先的时候，一定头脑要清醒，处理球思路要连贯，必须拿下，绝不能让这种情况再发生。 同时也告诉许昕，在领先的时候一定要给自己积极的心理暗示，我领先了一定能拿下比赛，而不是又领先了，别输了。 只要把握住每次领先，就能取胜，就会增加自信，逐步克服心理阴影。 所以当许昕在和徐晨皓的比赛又出现9：4领先后被徐晨皓反手连续得分把比分追到9：8时，我坚决叫了暂停，让许昕发球到徐晨皓正手位，在短球的争抢中寻找进攻机会，出手一定要坚决。 如果打成9：9，接发球也以摆短到徐晨皓正手位为主，注意进攻的线路一定到徐晨皓中路或正手，千万别给反手。 同时让许昕自己选择自己认为最有数的战术。 最后许昕采用了我的建议，在9：8后连得两分赢得了比赛。 虽然在领先时又出现了波动，但最终赢得了比赛就是一个好的开头，只有在比赛中不断积累胜利的经验，才会使自己变得更强大。

2017年直通杜塞尔多夫世乒赛
许昕2：0（11：6/11：8）徐晨皓

Q&A 2017年03月11日

> **问** 吴教练，您好！您能评价一下直通第二阶段血战到底许昕和林高远这场比赛吗？林高远在这次比赛中爆冷出线在打法上有哪些进步？

答 昨天晚上许昕和林高远的比赛确实打得令人窒息，由于是生死战的第一场比赛，双方处理每一个球都非常谨慎，每一分球的得失，都牵动着全场球迷的心。对于许昕来讲，生死战由于马龙因伤退赛，他是志在必得。林高远由于在第一阶段对马龙的比赛失利，错失了一次绝佳的机会，没能抓住首张直通门票，这次又进入血战到底，也是志在必得，想借此进入主力层。

比赛一开始，林高远抓住许昕的正手空档，非常坚定地连续给了许昕三个正手，都是直接得分。说明在开局的战术上林高远比许昕准备得更充分，6：3领先。许昕奋起直追，在5：7落后时发球连得两分，把比分扳平。这时林高远接发球连续犯错，不应该，说明都很紧。在8：8时进入了尾局，许昕发球，一个反面拧丢，一个侧身抢拉下旋球失误。犯了致命的错误，8：10落后。在接发球摆短后的台内球争抢中，许昕又正手挑打短球失误，丢掉了第一局。在最后三个球的处理上明显许昕没对准球的节奏，这和换了电光球台也有一定的关系。

在第二局的比赛中由于林高远的无谓失误增多，许昕在开局一直保持领先，并打出了一波连得5分的小高潮，以11：5取胜扳回一局。

在决胜局双方打得非常胶着，比分交替上升。基本都是在前三板和台内球的争夺，紧张的气氛令人窒息，这时比的就是看谁少犯错误。许昕在6∶6时发球后的短球争抢中抢拉得分，7∶6领先一分，但之后一个发球后的正手挑打直线失误丧失了扩大比分优势的机会。比赛从2∶2一直到9∶9，比分都是交替上升，进入了比赛关键时刻。林高远发球，林高远发球后许昕摆短，林高远直接上去反手抽许昕中路得分，这个球是林高远算到了，抓住了机会果断发力抽中路得分10∶9，正是这个球给许昕的接发球施加了压力，许昕怕再次被林高远反手抽，接发球采用了晃推的技术直接失误11∶9，把胜利送给了林高远。

从比赛的统计数据看，许昕发球段＋14－14，第一局＋4－6，第二局＋6－2，第三局＋4－6。接发球段＋14－13，第一局＋4－5，第二局＋5－3，第三局＋5－5。说明许昕在发球段出了问题，第三局开局许昕发球连输两分，但接发球又连得两分，从此比赛进入胶着状态，而许昕在7∶6领先后正手挑打短球失误是这次比赛失利的最大原因。在9∶9时许昕接发球摆短属正常，被林高远反手抽中路得分是林高远拼着了。但许昕最后一板接发球晃推失误值得总结，给我的感觉是有点慌乱，处理球不够自信。这是许昕需要面对和深思的问题。

这次林高远在直通比赛中发挥非常出色，超出了我的想象。我来到深圳第二天，就把林高远和周启豪叫到房间，让他们放下包袱，忘掉队内比赛的失利，摆正位置，丢掉幻想，以打出自己的技术特点为目的，去拼每一场球，把握过程。没想到林高远做到了，而且做得非常出色。林高远这次之所以能够超水平发挥，跟他平时一贯踏实努力训练有关，也跟马龙在这几年超级联赛对"林妹妹"的传帮带有关。这次比赛林高远最大的收获是比赛经验的提高和正确战术的运用。在这次比赛中，林高远都是战胜了自己刚刚输过的对手。我通过场外指导告诉林高远，你输球时不是输在技术上，而是输在战术上，这是林高远今后需要提高的很重要的环节，要学会在比赛中非常敏锐地发现对手的弱点，果断调整自己的战术，培养独立分析的能力。这次比赛好多场球都是第一局输了，改变战术连赢两局取得比赛胜利。这种体会对林高远是很有益的，是最大的收获。林高远经过自己的努力拼搏，取得了世乒赛的单打资格，就像刘教练说的，打破了主力层的格局。这对林高远来说是向2020年冲击的绝佳机会，希望林高远在今后的几年里一如既往地刻苦训练，虚心学习，敢于创新，勇于抢班夺班，实现自己的人生目标。

> 2017年直通杜塞尔多夫世乒赛
> 第二阶段，许昕1:2（8:11/11:5/9:11）林高远

Q&A 2017年03月11日

> **问**
>
> 吴指导您好，首先恭喜高远获得直通第二张门票，其次我比较好奇高远作为"黑马"脱颖而出，刘指导也评价他"把握住了一个成为绝对主力的机会"，那么这次直通的结果将会对男队主力结构产生什么样的影响呢？

答 这次林高远作为黑马脱围而出确实把握了一个成为绝对主力的机会。一个运动员的成长历程都是从非主力到主力,再到绝对主力,在这个过程中的蜕变是由你的比赛成绩决定的。

林高远获得这次世乒赛的单打资格,就意味着他是目前代表中国队参加世乒赛的五人主力之一,在封闭训练中将享受主力队员的一切待遇:

1. 给主力队员的心理技术会诊,大家给你提意见和建议,这是一个学习的过程,能全面看到自己的不足和努力的方向;

2. 制定专门的训练计划,训练时间充足,能使技战术得到迅速的提高;

3. 享受多球训练时的两拉一,加大了训练的质量和难度、密度。

4. 经受教练员的有意识折磨,承受更大的压力和磨练;

5. 参加世界级大赛对自己综合能力都是一次很好的考验,积累大赛经验。

如果林高远在这次比赛中能抓住机会,正常或超水平发挥,冲击绝对主力层,就会改变主力层结构,离世界冠军的梦想就越来越近了。这次是个绝佳的机会,更关键的是必须使自己通过这次机会在综合能力上更上一层楼,付出更多的努力和心血,更加刻苦训练,练球、练心、练人。只有紧紧抓住每一次机会,才会有更多的机会。所以对林高远也是一次严峻的挑战。机会永远是给有准备的人的,希望高远变永远。现在奥运会的新周期刚开始,每次国内比赛、直通比赛、国际比赛的成绩都是对运动员的考核,根据每个运动员成绩的变化,主力层也会随之改变。把握住了每次比赛的机会,也就把握住了参加奥运会的机会。走出第一步非常可贵,加油吧!林高远。

第 23 届亚洲乒乓球锦标赛（简称亚锦赛）

比赛时间：2017.4.9—2017.4.16
比赛地点：中国无锡

Q&A 2017 年 04 月 10 日

> **问**
> 抓黄金时间问吴爸爸，继科为何这局赢得如此艰难，感觉正手完全没放开，还是伤病问题吗？吴爸爸求解答啊！

答 今天晚上对朝鲜队的比赛是继科在伤病之后首场国际比赛，从比赛的情况来看，继科对比赛非常重视，开局投入很快，出手也比较坚定，很快就拿下了第一局。第二局也打得不错，4:3 继科发球，结果被裁判判发球犯规失分 4:4，但继科并未受影响，反而连得 4 分，8:4 领先，但在后面的比赛中无谓失误增多，正手出现连续失误，被对方把比分追成 10:10 以后输掉了比赛。第三局继科的正手进攻明显出现问题，一开局就比分落后，继科一分一分地追，但由于失误较多输掉了第三局。第四局一开局继科 0:2 落后，秦指导及时暂停，调整了战术。继科在 1:3 落后时把比分追成 3:3，双方形成了拉锯战，进入中局，姜伟勋在 7:5 领先时心理起了变化，看到了胜利的希望，结果发球出台被继科抢拉失分，把比分扳平。进入尾局后继科打得很坚定，充分发挥反手的连续进攻能力得分，顽强地拿下第四局。在比赛进入决胜局后，继科把握住了比赛的节奏，通过发球的变化和反手的强势进攻，以及在关键时刻的大胆侧身进攻牢牢把握了比赛的主动权，最后赢得了比赛的胜利。整体上看，继科这场比赛打得很艰苦，姜伟勋顽强的防守给继科的反手连续进攻制造了很大的困难，但继科打得非常坚决，并未受任何影响，看出继科对自己反手技术的自信。而继科的正手进攻今天出现了很多无谓失误，给我的感觉是继科对脚伤还心有余悸，无形之中有点自我保护，不敢用力而造成了正手进攻时重心不稳，影响了进攻的成功率。继科虽然在这场比赛遇到了对手的顽强抵抗，但还是靠必胜的信念和综合能力实现了逆转，也展现了继科内心的强大和对比赛胜利的渴望。

> 2017年亚锦赛男团1/4赛第三场
> 张继科3：2（11：6/11：13/6：11/11：8/11：8）姜伟勋（朝鲜）

Q&A 2017年04月11日

问 吴爸爸，中国队进入了男团四强。您应该有看比赛吧？评价下中国队的表现，谁比较出彩？

答 昨天晚上中国队以3：0战胜朝鲜队进入四强，虽然大比分战胜对手，但小分上还是比较紧张。

第一场比赛马龙首先上场对对方的一号主力，秦指导之所以把马龙派在第一场，是因为马龙比赛投入快，技术上优势很大，

拿下第一场对后面的比赛是很大的鼓舞。马龙也正如大家所期望的那样，3：0顺利拿下比赛，特别是第三局11：1，看出了对手和马龙的差距还不是一点半点。

第二场比赛许昕作为第一主力上场，比赛一开始就打得胶着，许昕没有完全放开，打到10：10后以13：11拿下第一局。第二局中局许昕也一度落后，逐渐把比分扳平，主要是从正手回反手位时失误较多。9：9时接发球摆短出现了问题被对方进攻失分，连输两分，9：11输了第二局。从第三局开始许昕渐渐进入了比赛状态，接发球摆短连续得分，后面的比赛就牢牢控制了比赛的主动权，以3：1取得了第二场比赛的胜利。

第三场张继科上场，这是继科自伤病以后的首次国际比赛，深受大家的关注。继科对这场球非常重视，开局投入很快，顺利拿下第一局。但在后面的比赛中遇到了对手的顽强抵抗，在8：10领先的情况下被逆转。在大分1：2落后时，继科依靠内心对比赛胜利的渴望和整体实力跟对方展开了激烈的角逐，实现逆转，以3：2战胜对手，取得了最后的胜利。这场球继科出现了两个问题，一是正手进攻失误相对较多，估计是由于担心脚伤有所顾忌，正手进攻时重心不稳造成失误较多。二是对对方的接发球技术不是很适应，对方基本上是采用正手晃接和劈长的战术，很少拧拉和摆短，迫使继科被动上手。

纵观整场比赛，给我的感觉是朝鲜队由于很少参加国际比赛，和世界的交流较少，技术的发展还停留在90年代，基本上还是以正手为主、反手为辅的阶段，相持中都是反手防后侧身进攻，都是老套路，没有跟上世界乒乓球技术发展的潮流。反手拧拉，反手抽直线，反手的强强对抗等先进技术和意识基本没有，所以输给中国队很正常。而我们的"三剑客"由于是第一场比赛，有个适应比赛的过程，属于正常发挥,也有很多值得总结的地方。 祝愿中国队在后面的比赛越打越好。

> 2017 年亚锦赛男团 1/4 决赛,中国 3 : 0 朝鲜
> 第一场,马龙 3 : 0(11 : 7/11 : 8/11 : 1)朴申赫(朝鲜)
> 第二场,许昕 3 : 1(13 : 11/9 : 11/11 : 5/11 : 5)崔植(朝鲜)
> 第三场,张继科 3 : 2(11 : 6/11 : 13/6 : 11/11 : 8/11 : 8)姜伟勋(朝鲜)

Q&A 2017 年 04 月 11 日

问 今天,盼望已久的小胖终于闪亮登场,3 比 0 拿下比赛,取得了开门红。 吴老师,您对小胖今天的表现是否满意? 看他状态怎么样?

答 今天在去南通乒乓球训练基地的路上,在高铁上看了中国队对中华台北队的比赛,由于信号不好,前面几分球没看到。小胖今天首场比赛出战陈建安,应该说打得非常不错。 开局在 3 : 5 落后的情况下追到 6 : 6,到 9 : 6 领先,没给陈建安任何机会,11 : 7 拿下第一局。 第二局陈建安开局打得不错,3 : 1 领先,小胖通过接发球搓长反拉和拧拉陈建安反手快带直线得分 3 : 3,但小胖自己发球处理不好,反手抢拉下旋球失误,发陈建安反手长球后失误又造成比分 3 : 5 落后。 在后面的

比赛中小胖就处理得非常好，通过反手接发球拧拉后的衔接和发球抢攻连得四分，乘胜追击到 10：5，最后以 11：6 拿下第二局。 第三局小胖一鼓作气 7：1 领先，以 11：5 赢得了首场比赛的胜利。 从比赛的过程看，有几个球小胖处理得非常好，打在陈建安的空当和对方的预判相反，这是我最希望看到的，随时在算计对方。 而且整体实力完全在陈建安之上，反手的连续进攻能力也发挥得很出色，打出了自己应有的技术水平。

　　第二场上场的马龙也打得非常好，技术优势非常明显，牢牢把握比赛的主动权，一鼓作气拿下比赛。 只是第三场继科的比赛在第一局拿下后，第二局的比赛出现了一些问题，关键时刻正手的进攻失误输掉了比赛。 第三局开始 0：4 落后，在 1：5 后连续得分到 10：5 领先拿下比赛。 第四局的比赛在继科的牢牢控制中，再也没有给对方任何机会，赢得比赛胜利。今天继科的比赛明显比昨天比赛的状态好，跑动也比较积极，虽然正手进攻还是有些失误，但都是在可控范围内，状态越来越好。 祝愿中国队在明天和韩国队的比赛中战胜对手，夺得团体冠军。

2017 年亚锦赛男团半决赛，中国 3：0 中国台北
第一场，樊振东 3：0(11：7/11：6/11：5)陈建安（中国台北）
第二场，马龙 3：0(11：6/11：5/11：7)廖振珽（中国台北）
第三场，张继科 3：1(13：11/10：12/11：8/11：8)杨恒伟（中国台北）

Q&A 2017年04月12日

问 吴爸你好，请问你怎么看待马龙和张宇镇的比赛？开始我以为这场比赛会赢得很轻松，结果并不是这样，金泽洙带队后，韩国队的搏杀会对日后的国乒产生威胁吗？

答 今天马龙和张宇镇的比赛打得很激烈，其中第一局和第三局都是10平以后取胜的，输赢都在一两分之间。比赛开始第一局双方都打得很紧张，2:2后马龙取得小优势，5:3、7:5、9:7。这时马龙的发球在正手偏中路的位置连续被对方反手拧拉得分9:9，可以看出马龙在发球时有些保守，不敢大胆变化落点，吃不准对方会采用什么样的接发球技术。进入10:10以后，马龙发球在同一位置被对方反手拧拉得分。马龙接发球采取了主动搓长后防直线得分，这是马龙的战术素养，知道关键时刻对方基本上会侧身而打在了对方的空当。11平后马龙发球变化发了个长球，对方猜着了，侧身抢拉后连续进攻得分，再次出现了局点。马龙接发球摆短得分，12平。马龙发正手偏中路的球，对方拧拉失误，马龙拿到局点。这时马龙采取搓长反拉的战术得分拿下第一局。第二局2:2后，马龙接发球拧拉连续失分，发抢也出问题，2:6落后，最后4:11输掉一局。主要是接发球处理不好造成了全局的被动。第三局比赛进入了白热化阶段，马龙一上来就控制了局面，3:1、5:3、8:5，这时马龙的正手拉球出现了问题，连丢两分，秦指导马上叫了暂停。马龙接发球摆张宇镇反手位被反手拧拉得分8:8，马龙发球反手相持得一分，第二个球对方反手拧拉后侧身拉直线被马龙带了

个正手空挡,这个球是马龙的经验制胜,10:8。 马龙接发球拧拉进入相持反手失误,这个球有点保守,想等对方失误,加上正手反拉失误进入 10:10。 马龙发长球侧身抢拉擦边得分,马龙接发球拧拉进入反手相持,在张宇镇反手发力侧身进攻时马龙抽了个直线又打在了对方的空当。 这个球也是马龙的战术素养,当对方反手加力时一定是要侧身进攻,这时想也不要想,闷头给直线,在平时训练中就是这么要求的,拿下关键局。 第四局张宇镇就崩溃了,开局0:6落后,最后马龙乘胜追击11:3拿下比赛,为中国队开了个好头。

这场比赛马龙之所以打得这么艰苦,还是由于没有和张宇镇对战过,算不准对方的球,因此在比赛中非常小心,发球的落点也比较死,给了对方接发球搏杀的空间。 我相信下次马龙再遇到张宇镇,一定比今天轻松。

> 2017年亚锦赛男团决赛第一场
> 马龙 3:1(14:12/4:11/12:10/11:3) 张宇镇(韩国)

Q&A 2017年04月12日

问 吴爸爸您好,您对今天小胖的表现满意吗? 您怎么评价他今天的表现? 包括第一局的逆转和最后一局的焦灼。

答 今天小胖对韩国队李相秀*的比赛打得非常好。 开局小胖发球,采用了正手发侧旋球抢攻的战术,因为小胖和李相秀比赛打得很多,双方都非常熟悉,小胖想有些变化。 在开局2∶2后,小胖发球一个回摆失误和一个相持反手失误2∶4落后,对方发球小胖摆短被对方正手挑打得分,又被对方发长球得分,2∶6,形成了开局落后。 在这时小胖改变了发球,以发钩子球到对方正手为主,2∶7、3∶7。 接下来小胖在接发球时采用了反手拧拉直线,李相秀反手发力抽被小胖直接抽回头,小胖得分,4∶7。 这个球是这局比赛的转折点,小胖连得5分,8∶7把比分超出,8∶7这个球是小胖摆正手短球,对方进攻,小胖防了个回头进入正手对拉,小胖主动锁直线转侧身连续进攻得分。这个战术意识就是平时专门要求的。 最后小胖以11∶8拿下第一局。 第二局小胖就完全以钩子发球为主,死死抓住李相秀正手短球的漏洞,很快以11∶4扩大了比分,大比分2∶0领先。第三局李相秀接发球改变了战术,更多地采用推挑直线和中路,搓长等战术,不和小胖在台内的短球进行纠缠,直接进入相持。小胖在处理时出现了一些失误,造成比分交替上升1∶3、4∶4、6∶6、8∶8、10∶10。 小胖发球,李相秀拧拉中路,小胖变直线得分11∶10。 这时李相秀的发球采用了搏杀战术,发反手小三角侧身抢攻,因为求胜心切,角度发得太大,直接失误,这样小胖就以3∶0战胜对手取得了第二场比赛的胜利。

从这场球看,小胖牢牢控制了比赛的节奏,开局想求变化不利,马上改变战术使用自己的特长技术扭转了被动局面。 第三局也是在不断地适应对手的各种战术变化,在相持的局面下把握住胜机赢得了比赛。 其中在正手对拉中多次运用了主动锁直线的战术,战术意识得到了很大提高。

从李相秀打小胖的战术来看,很有针对性,说明他们也在研究我们,只不过他们现在的技战术能力还不够,我们必须给予足够的重视。奥运新周期,各国都在加大对年轻运动员的培养,我们也必须高度重视,绝不能掉以轻心,要加强对年轻运动员的整体实力和综合能力的培养。

> 2017年亚锦赛男团决赛第二场
> 樊振东3∶0(11∶8/11∶4/12∶10)李尚洙(韩国)

* 李相秀即李尚洙。

Q&A 2017年04月12日

> **问** 吴指导好,许昕与郑尚恩*的比赛,3比0获胜。这样中国男队就以3比0战胜韩国队,实现了亚锦赛历史上的十连冠。你怎么看待这一次中国队的亚锦赛表现?

答 今天许昕和郑尚恩的比赛是第三个出场,打得非常好。郑尚恩是个年轻队员,球打得非常凶,落点意识非常好,但技术相对比较粗糙,喜欢搏杀。所以开局就进入了胶着状态,2∶2、4∶4、6∶6。郑尚恩都是采用的搏杀战术,许昕的几个正手进攻都被拉了回头。在许昕9∶6领先时又被对手连续追分9∶9,关键时刻许昕发球,一个发球后的台内暴挑和反面抢攻侧身连续进攻得分,拿下了第一局比赛。第二局比赛郑尚恩接发球一直处理不好,被许昕发球抢攻连连得分,以11∶6再下一城。第三局

郑尚恩采用了反手发球，许昕利用摆短和劈长连续得分，4∶1、5∶3，这时许昕抠得不细，出现了无谓失误，被对方把比分追到6∶6，比赛进入相持阶段。双方一直把比分打到10∶10，进入关键时刻。许昕接发球大胆采用反面拧拉直线得分，11∶10，出现赛点，许昕发球进入正手的连续进攻，抓住机会正手位抢拉直线得分，3∶0战胜对手，取得整场比赛的胜利，中国队再一次夺得了亚洲乒乓球锦标赛团体冠军，实现了十连冠。

综观中国队在亚锦赛上的整体表现，能够看出在整体实力和技术发展上中国队都是领先的，每个上场队员都是认真负责地对待每一场球。团体比赛为后面的单项比赛打下了很好的基础，也加深了对对手的了解。对新的教练班子和运动员之间的快速磨合也起到了非常积极的作用。

> 2017年亚锦赛男团决赛第三场
> 许昕 3∶0(11∶9/11∶6/12∶10) 郑尚恩（韩国）

* 郑尚恩即丁祥恩。

Q&A 2017年04月14日

> **问**
> 不知道吴爸爸有没有关注今天下午的混双比赛，方博/王曼昱和日本选手的对决真可谓一波三折了。可以请吴爸爸分析一下他们的失利原因并给他们提些建议吗？顺便期望周雨/陈幸同在混双决赛中取得好成绩！

答 我今天由于在通州乒乓球训练基地看青少年集训队的比赛，没有收看混双比赛，后来得知方博/王曼昱的混双2∶3输给了日本队森园/伊藤，专门找来录像看了一下，觉得输得非常可惜。

第一局是森园打方博，方博打伊藤，伊藤打王曼昱，王曼昱打森园。从这一轮来看，伊藤接发球主要摆王曼昱正手短球，森园接发球主要拧拉方博正手。而方博和王曼昱接发球主要以拧拉为主。从战术上讲这一轮方博/王曼昱比较吃亏。因为王曼昱正手位短球差，王曼昱发球质量不高，森园拧拉方博正手，方博防不住。另外方博进攻伊藤时，由于站位较远，拉球质量不高，伊藤在近台两边压王曼昱，王曼昱很被动。结果第一局7∶11失利。

第二局交换方位后，方博打森园，森园打王曼昱，王曼昱打伊藤，伊藤打方博。从这一轮看，王曼昱打伊藤后方博的衔接很好，方博的发球森园不好拧拉，方博进攻森园，由于森园是左手，站位中台，方博的进攻容易得分。从战术上讲这一轮方博/王曼昱占优，结果第二局方博/王曼昱11∶6扳回一局。

三、四局的情况都差不多，双方都把握住了优势轮的胜利，2∶2进入决胜局。开局同样是森园/伊藤的优势轮，双方咬得很紧，3∶3时王曼昱发球，森园接发球，这是森园的优势轮。王曼昱发球，森园拧拉方博正手，方博早有准备正手抢拉得分4∶3，这时日本队叫了暂停。接下来继续王曼昱发球森园接，森园接发球拧拉直接失误5∶3，方博/王曼昱领先交换场地。进入了方博/王曼昱的优势轮，森园发球王曼昱接。王曼昱接发球用反手搓长到伊藤反手位，伊藤侧身抢拉方博反手，方博强行侧身反拉得分，6∶3，王曼昱接发球直接拧拉伊藤正手得分7∶3。接下来王曼昱发球伊藤摆短，方博回摆得分8∶3。在这时方博的处理球出现了连续失误，连丢4分，8∶7。方博发球，森园拧拉王曼昱正手，王曼昱防直线得分9：7。 森园发球，王曼昱搓长球得分10：7。 在出现三个赛点的情况下，俩人处理球都出现了直接失误，被对方把比分扳平10：10，11：11。在关键时刻，森园发球，王曼昱拧拉伊藤正手位，被伊藤带了个直线得分11：12。 王曼昱发球，伊藤用反手挑方博正手位，方博拉失误11：13，最后输掉了比赛。

　　综观整场比赛，前面4局都属于正常。 关键在决胜局8：3领先后被逆转输球不应该，主要输在了方博手上，8：3以后方博直接第一板失分达6分之多，这是输球的根本原因。 混双主要靠男运动员得分，而方博在大好形势下却连续犯低级错误。我认为是太想赢得比赛，急于求成，总想一板打死对方，对比分抠得不细而犯下错误。 希望方博很好总结混双比赛的失败，汲取教训，调整好心态，把后面的男双打好。

2017年亚锦赛混双半决赛
方博/王曼昱2：3（6：11/11：6/7：11/11：8/11：13）森园政崇/伊藤美诚（日本）

Q&A 2017年04月14日

问

坚持不懈第十一次提问吴爸爸，今天男单1/16决赛，龙队输给了韩国对手，大比分1：3无缘晋级，很遗憾！ 龙队今天为什么会输球？ 是状态问题还是技术问题？ 韩国对手很强吗？ 吴爸您给分析下吧！

答 今天上午在看二队集训队的比赛，中午看新闻知道马龙1∶3输给韩国队丁祥恩。没找到回放，看了网友的映客直播，由于录得不全，从第二局开始看。

由于第一局失利，第二局马龙显得有点紧，开局接发球1∶1，自己发球被攻，回摆短球后正手抢拉失误，1∶3落后。此后3∶5、5∶7，被压着两分，马龙接发球摆短得分和接发球抢攻得分7∶7。但在马龙发球形成相持的情况下，正手对拉失误和侧身进攻直线被丁祥恩正手带回头，7∶9再次落后。马龙接发球摆短得分8∶9，丁祥恩叫了暂停。马龙接发球仍然摆正手短，丁祥恩反面拧拉直线马龙给中路，丁祥恩侧身进攻得分10∶8。马龙发球时发反手长球被丁祥恩反手拉球得分，8∶11，输掉第二局。

第三局马龙发球，比分交替上升，5∶5、6∶6，马龙利用接发球摆短后抢拉得分和直接摆短得分9∶6，然后利用发球连得两分以11∶6扳回一局。

在第四局比赛中丁祥恩发球，马龙积极上手在反手的相持中得分，接着摆短直接得分2∶0，马龙发正手短丁祥恩反手拧拉失误3∶0，马龙再次发球时被裁判判罚发球犯规，3∶1。这个判罚引起了马龙的心理波动，连续失分4∶4。在接下来的比赛中显得办法不多，一下到6∶10落后，最后接发球摆短正手位被丁祥恩反手拧拉得分6∶11，马龙以1∶3输掉了比赛。

综观整场比赛，马龙显得不够兴奋，无谓失误很多。在马龙的强项发球环节上出了问题，第二局连续被丁祥恩接发球反手拧拉后抽直线，形成相持球后丁祥恩得分，没有打出马龙发球落点变化多的特点。第二局马龙发球+2-7，这是第二局比赛失利的主要原因。第三局在6∶6后马龙利用接发球摆短后争抢连得两分，比分9∶6，把握住机会以11∶6扳回一局。关键在第四局3∶0领先时被裁判判罚失分后，马龙情绪受到很大影响，从3∶1到6∶11。发球轮和接发球轮都出问题，发球轮+3-5，接发球轮+3-6，这种情况在马龙的比赛中比较罕见。

从丁祥恩的情况看，丁祥恩是中国人归化韩国队，从小接受的是中国式训练，打法凶狠。今天对马龙发挥得特别好，在接发球的处理上没让马龙占到便宜，在相持中也经常得分。但我认为输球的原因还是马龙调动不够，在遇到对手超水平发挥的情况下没有想尽一切办法去逆转不利局面，反而在领先的情况下受到裁判判罚的影响，马龙需要在赛后认真地总结教训，才能在奥运新周期保持旺盛的斗志。

> 2017年亚锦赛男单1/16赛
> 马龙1:3(9:11/8:11/11:6/6:11)郑尚恩（韩国）

Q&A 2017年04月15日

问 吴老师，您怎么看许昕对战丹羽孝希的比赛？许昕1比3不敌对手，接发球失误很多，这场比赛许昕的问题出现在哪里？以后需要做哪些改变？

答 许昕今天在比赛中1:3输给丹羽，打得太紧，没有把自己的水平发挥出来。

第一局一上来2:2，许昕接发球晃推被攻直线失分，又在摆短的争抢中被攻失分。自己发球又反面抢拉失误2:5，这几

个球输得太简单了。后面打到4∶7，许昕利用发抢得分5∶7。然后在接发球时许昕利用接发球抢拉和摆短后抢拉得分，把比分扳平7∶7。许昕再次利用发球后挑打得分8∶7，比分反超。这时许昕回摆失误8∶8、9∶9，许昕发反手小三角侧身抢拉得分10∶9，但在关键时刻许昕侧身冲直线被丹羽打回头10∶10，这个球抢拉的落点不好。10平后许昕两个自己上手抢拉失误，输掉了第一局。

第二局许昕主要抓住了丹羽发球出台的机会，频频抢拉得分5∶3，8∶4，以11∶5扳回一局。

在第三局的比赛中开局许昕打得很坚决，接发球抢拉得分和反面抽得分，2∶0、3∶1领先，在中局6∶4领先的时候自己发球不严密，在摆短中被攻失分，发球出台被丹羽抢拉得分6∶6。在比分非常胶着的时候，许昕侧身抢拉斜线被丹羽侧身拉直线回头得分，这个球是这局比赛的转折点。接下来许昕接发球晃推又被攻失分6∶8，自己发长球抢拉失分6∶9，局面非常被动。最后许昕8∶11输掉了关键一局。

在第四局的比赛中，许昕的心态起了很大变化，不够自信，无谓失误明显增多。开局大比分1∶7落后，没能挽回败局以7∶11失利，大比分1∶3输掉了比赛。

纵观整场比赛，第一局是关键，比分一直交替上升，10∶9时自己主动抢冲直线被丹羽打回头，这是致命的，导致了10平后主动上手连续失误输掉了比赛。第三局的关键是在6∶4领先时发球不严密连输5分，最后8∶11输掉第三局，发球轮+3-6是输掉比赛的关键。

许昕这次输球，再次看出他对左手在技战术上存在问题，对手找到了许昕正手的漏洞，全是主动给许昕正手，而许昕保护不够，失误很多。从今后的训练来看，加强对左手的研究和形成技战术套路是非常重要的任务。从另一个角度看，主管教练的替换工作迟迟没有完成，新教练和运动员的磨合不够也对比赛的失利有影响。我相信许昕通过这次比赛，会找到问题，并在封闭训练中有的放矢去解决，一定能够以新的面貌出现在世乒赛上。

> 2017年亚锦赛男单1/4赛
> 许昕 1：3（10：12/11：5/8：11/7：11）丹羽孝希（日本）

Q&A 2017年04月15日

问 吴爸爸，您怎么评价今晚这场女单决赛？这位日本小将平野为什么能接连赢下丁宁、朱雨玲、陈梦？是接发球的问题吗？日本现在看来很强啊。

答 今天陈梦和平野的比赛确实是给我们敲响了警钟，陈梦想尽办法试图挽回败局，但技术打法落后，无力回天。两个大比分0：3，残酷的现实已摆在了我们面前，需要很好地去总结。

这场比赛一开始2：2，第二轮发球后陈梦3：5落后，随着陈梦发长球后抽直线得分和发球得分，把比分扳平5：5，随后陈梦利用搓长防守得分和再次在相持中反手抽直线得分7：5领先，但在自己发球时反手拉球失误和相持中反手失误再次使比赛进入了胶着状态，7：7、8：8、9：9。在关键时刻平野发球，陈梦接发球主动搓长防守失误，9：10，接着在相持中被平野进攻得分9：11，输掉了第一局。在第二局比赛中，陈梦依然采用搓长防守转攻的战术，开局2∶2、3∶5落后，在3∶6落后时陈梦叫了暂停。 接发球推挑后在相持中反手失误3∶7、4∶8、7∶9，一直处于被动状态，最后8∶11再输一局。 第三局陈梦改变战术，主要从平野中路和正手突破，比分交替上升，2∶2、4∶4、5∶5，这时平野发球，陈梦搓长进入相持，反手失误和正手拉球失误连输两分5∶7，这时陈梦无论在气势上还是技术上已完全处于下风。 最后7∶9、7∶11输掉了比赛，让17岁的小将平野夺得了首个亚锦赛女单冠军。

平野是日本队长期投入心血培养出来的年轻队员，由于参加比赛多，比赛经验很丰富。 技术打法凶狠，快速，正反手技术均衡，小球技术*也不错，发球以钩子球配合长球，很有特点，无谓失误很少。 特别是反手近台的连续快抽很有威胁，不管是朱雨玲还是陈梦，在相持中完全处于下风。 日本女队年轻队员技术领先是非常值得女队的教练组思考的问题。

2017年亚锦赛女单决赛
陈梦0∶3（9∶11/8∶11/7∶11）平野美宇（日本）

* 小球技术指的是台内球。

Q&A 2017年04月16日

> 吴爸，能请您点评一下刚刚张继科3∶2林高远的这一场比赛吗？ 第四局结束继科叫了一个医疗暂停，这会对双方的心理产生什么样的影响呢？ 谢谢您！

答 今天张继科对林高远的比赛，应该说张继科打得非常好，靠他坚强的意志和过硬的技术，在非常困难的情况下赢得了比赛的胜利，看到了他内心的强大和敢于拼搏的精神。

这场比赛从一开始继科就占据了上风，2∶2、5∶3、7∶5、9∶7，11∶7拿下第一局，继科的接发球拧拉直接得分4分，是取胜的关键。 第二局开局1∶4落后，继科利用接发球拧拉和发球、发球抢攻连得3分把比分扳平4∶4，这时继科接发球拧拉失误和拧拉被攻以及发球被攻连输3分，4∶7落后，导致第二局比赛的失利。 第三局开局继科发球1∶1，利用接发球连得2分打开局面，3∶1、5∶3、7∶5领先。 这时继科发球回摆被攻，连续两个球被林高远反面强行连抽正手得分7∶8，被林高远把比分超出。 继科利用短球中的争抢得分8∶8，继科发球后林高远正手接发球暴挑失误，林高远侧身进攻被继科正手拉回头失误10∶8，继科领先。 林高远利用反手抽直线得分10∶9，这时继科叫了暂停。 比赛继续开始，林高远发直线长球得分，10∶10。 继科发球，林高远再次接发球正手挑失误，11∶10，继科拿到局点，这时林高远再发直线长球时被继科算到，果断侧身抢拉得分拿下非常关键的第三局，大比分2∶1领先。 由于在比赛中林高远反手拧拉了继科中路，继科在侧身抢拉时脚上挤了一下，在局中休息时进行了短暂的医疗治疗，之后坚定地回到了球场继续比赛。 第四局比赛进入了拉锯战，2∶2、4∶4、6∶6。 林高远发球，继科拧拉失误。 但继科觉得是先擦网了，对这个球的判罚提出了异议，林高远认为没擦网，请裁判判决。 最后裁判维持原判6∶7，继科落后。 这种情况在比赛中是非常正常的，双方有异议时，只能由裁判来最后判决。 接下来继科受到了影响，连续输球，以6∶11输掉了第四局，进入了决胜局的比赛。 决胜局开局属于正常，1∶1、2∶2、3∶3。 在林高远发球时继科连续两个反手球失误，3∶5交换场地。 继科利用

正手连续拔得分和林高远接发球摆短失误把比分扳平5:5,这时继科利用接发球强行反手拧拉连得两分7:5,继科士气大涨。这看出继科的拧拉技术非常过硬。最后9:7,11:7拿下比赛,取得了最后的胜利,3:2淘汰林高远进入前四名。

综观整场比赛,第三局是关键,在8:8时林高远贸然正手暴挑失误,这个球值得磋商,关键时刻犯错误。10:10以后,林高远接发球再次正手挑失误,再次犯错误。11:10时继科接发球算准林高远会发直线长球侧身抢拉得分,体现了继科的经验和果断。继科治疗后继续比赛,说明了他对胜利的渴望和自信,敢于出手,在7:6领先时一个正手的多板对拉得分,体现了正手拉球的实力和自信,绝不手软,正是这个球奠定了胜利的基础。通过这场比赛,我们看到了继科内心的强大,尽管状态不是很好,却一场比一场打得好,在比赛中去寻找赢球的感觉。这种精神值得我们学习。为继科点赞!

> 2017年亚锦赛男单1/4决赛
> 张继科3:2(11:7/6:11/12:10/7:11/11:7)林高远

Q&A 2017年04月16日

> 问
>
> 吴教练,我看了你对日本小将平野连赢中国三位健将而夺冠的问答评价,我看你也总结了平野的一些经验打法,我更希望看到你对中国女队甚至男队针对平野打法的应对之策,以雪此战之耻。

答 这次平野连胜中国队三位绝对主力不是偶然,是技术领先的必然结果,也是日本队长期对年轻运动员投入的结果。 这次的失败是完败,无论从心理、技战术,我们的队员都处于下风。 但也是一件好事,暴露了女队在技术创新上的落后,需要我们汲取教训,从自身做起,把女子技术男性化落到实处。 日本队对中国队的威胁已经实实在在地摆在了我们面前,只要我们认真对待,摆正位置,加强对日本队的研究,我们有时间和空间,还有强大的教练团队,一定能够战胜日本队。 这次平野的胜利,也让我们的球迷看到了比赛的残酷,深深体会到了失败的滋味,很多球迷也落下了伤心的眼泪,从心里接受不了失败的现实。 这也真是竞技体育的魅力,当你们觉得中国队战无不胜,日本人一棒把大家都打醒了。 原来中国队也不是神,也会输球。 领先后不创新总有一天会被对手超越,而这一天比我们想象的来得早。 中国队不是没输过球,但我们都能从失败中很快地站起来,相信我们的教练组,相信我们的运动员,相信我们团队的力量,他们会记住无锡的耻辱,会以更旺盛的斗志投入到今后的训练和比赛中去,以更残酷更高的标准磨练运动员的技术和意志,相信五星红旗一定会在东京奥运会乒乓球馆上空飘扬。

2017 年亚锦赛
女单决赛陈梦 0∶3(9∶11/8∶11/7∶11)平野美宇(日本)
女单半决赛朱雨玲 0∶3(7∶11/9∶11/8∶11)平野美宇(日本)
女单 1/4 赛丁宁 2∶3(11∶3/14∶12/9∶11/14∶16/10∶12)平野美宇(日本)

Q&A 2017年04月16日

问

男单决赛,小胖3比0战胜对手,每一板都是高质量,打得非常帅气!吴老师,请您点评一下这场比赛,说一下小胖在这次亚锦赛的表现。

答

小胖今天在男子单打决赛中顶住压力,以出色的表现3:0战胜本次亚锦赛男单的最大黑马韩国队丁祥恩,夺得冠军。其实小胖的经验和技术能力远在丁祥恩之上,但由于马龙和许昕相继失利,女队又被日本选手平野接连战胜三位绝对主力队员夺冠,平添了很多压力。我们绝不能再让外国的国旗在男子单打的颁奖仪式中升起,所以小胖非常重视这场比赛,从一开始就投入非常快。

小胖先发球,以发球抢攻得分1:0、1:1、2:2。第二轮发球小胖利用发抢和反手连续快抽得分4:2,占据主动,接发球时各得一分5:3。在自己的发球轮,小胖在摆短的争抢中反手抢拉得分,6:3。在后面的比赛中连续正手进攻得分8:3,掌握了比赛的主动权,很快以11:5拿下第一局。第二局小胖以非常漂亮的接发球拧拉丁祥恩正手位,丁祥恩正手抢拉直线,小胖反手防斜线得分开局,第二个球小胖接发球拧拉后抽直线得分。这两个球都是非常高级的球,是平时一直狠抓的结果。小胖再利用发抢得分3:0、3:1、5:3、7:5,以两分的优势掌控着比赛的节奏,最后连得四分以11:5取得第二局比赛的胜利。第三局一上来丁祥恩就改变接发球战术,以正手挑打小胖正手位连续进攻得分,0:2小胖落后。后面的情况是小胖连续得分，5∶3、7∶5领先。这时小胖在处理球上稍微有点保守，结果在对拉中被丁祥恩由被动转主动得分，在相持中小胖侧身进攻失误7∶7、8∶8，进入尾局小胖又打出好球，在摆短的争抢中直接抽丁祥恩正手得分9∶8，丁祥恩又挑小胖中路，小胖侧身一板拉直线得分10∶8，两个赛点。最后一分小胖接发球拧拉得分，以11∶8结束了比赛，夺得了冠军，保卫了团队的荣誉。

  这场比赛整体上看，小胖实力占优，完全把握了比赛的主动权。但在处理球上还存在问题，一是抽直线的战术运用不够好，有好几个球是应该抽直线的时候没抽，意识不够。二是正手的进攻能力稍显不足，在好几个球应该侧身拉直线时而拉了斜线，从而导致对方侧身反拉得分。其他的技术小胖运用得非常好，反手的强势得到了充分的体现，反手凶和稳的节奏也把握得非常好，这是小胖在相持中的一大进步。祝贺小胖夺得亚锦赛男单冠军，为世乒赛打下了一个良好的基础。

> 2017年亚锦赛男单决赛
> 樊振东3∶0（11∶5/11∶5/11∶8）丁祥恩（韩国）

Q&A 2017年04月17日

问 吴爸爸，每次比完赛最期待的就是您的赛后点评了，很有内容，对我们这些新球迷来说也受益匪浅，能请您点评下今天半决赛小胖和继科的比赛么？谢谢吴爸爸，笔芯。

答 今天小胖和继科的半决赛虽然最终是小胖取得了胜利，第一次真正在国际比赛中战胜继科，但比赛的过程也是非常不容易。这次亚锦赛，我是星期五才从南通过来的，纯属吃瓜群众。但在小胖半决赛之前还是忍不住给他交代了几句，主要是提醒他摆正位置，做好最困难的准备。小胖说新周期大家都需要用成绩来证明自己，他会尽全力去打好比赛，看到小胖的成熟我为他高兴。

比赛一开始小胖发球，继科利用接发球摆短后的抢攻连得两分0：2，小胖也不甘示弱，也利用接发球拧后的侧身抢攻和摆短后反手拧拉后连续得分2：2、3：3，开局就打得难分难解。小胖再次利用接发球摆短后拧拉继科正手后的正手快带得分和接发球直接拧继科正手回反手得分5：3，发球轮6：4。又是接发球连得两分，8：4扩大了领先优势。发球轮9：5，这时小胖侧身进攻拉丢一个机会球，又被继科发长球得分7：9，小胖在自己的发球轮也出现了反手相持失误和发抢失误9：9，关键时刻继科又发了个长球得分9：10，出现局点。小胖在这时接发球非常坚定地利用拧拉后连续相持反手得分10：10。小胖发球利用回摆被继科主动拧拉时借力防守一板，继科连续进攻失误，小胖11：10领先，接发球小胖依然拧起来进入相持，继科主动抽直线被小胖正手快拉直线得分12：10，小胖艰难拿下第一局。第二局小胖开局3：1领先，6：2、8：4、11：4一鼓作气拿下第二局，整体上掌握了比赛的主动权。但继科没有放弃，开局小胖失误、继科反手相持得分3：1、4：2，继科领先。继科利用发球抢攻和发长球反手直接发力抽得分，拉大了比分6：2、9：3，最后以11：5扳回一局。第四局继科先发球，1：1，小胖发球2：2，继科发球3：3，比分咬得非常紧。小胖发球，在摆短的争抢中继科抢先上手拧拉时，小胖防守得分4：3，小胖再次发球，变化发球，发了个转不转球，继科判断失误接了个半高球被小胖抢拉得分5∶3，这两个球打破了僵局，确立了优势，一口气9∶3领先。继科感觉很难再扳回比分，就和小胖打起了表演赛，让观众欣赏一下乒乓球的技巧和手感，在十几板的攻防当中玩起了转圈的技巧，互相交换了位置，但球依然正常运行，赢得了全场观众的掌声。最后11∶4小胖赢得比赛的胜利，顺利进入决赛。

综观整场比赛，双方在接发球上大多是采用摆短的战术进行台内球的争抢，继科想利用反手的强势去击垮小胖，而小胖利用反手相持中节奏的变化化解了继科的反手进攻。关键的争夺在第一局7∶4小胖领先时继科反手连续发力进攻，而小胖却非常坚定地防守，没有像以前那样强势反抽，造成了继科的进攻失误。而继科在比分5∶9落后的情况下，利用发长球频频得分，再加上小胖的失误以10∶9把比分反超。小胖在关键球的处理非常果断，出手坚决连得三分拿下了关键的第一局，奠定了胜利的基础。最关键的是小胖在和继科反手对抗中取得了优势，这是非常大的进步。谢谢继科和小胖为大家奉献了一场精彩的比赛，也看到了继科逐渐恢复了技术状态。

2017 年亚锦赛男单半决赛
张继科 1∶3（10∶12/4∶11/11∶5/4∶11）樊振东

中国乒乓球队备战第 54 届世界乒乓球锦标赛热身赛(简称热身赛)

比赛时间:2017.5.13—2017.5.14
比赛地点:中国深圳

Q&A 2017 年 05 月 14 日

问

吴爸,您好,作为检验封闭训练成果的热身赛,许昕、小胖双打输给马龙、于子洋,许昕单打输给林高远,您能分析一下是什么原因吗,是比赛双方的封闭训练都有效果,还是为了调整最好状态到世乒赛? 期待您的解答!

答

在昨天的热身赛中,许昕参赛的两项都输给了对手,大家非常担忧许昕的状态。 其实不必过度担忧,热身赛的目的是检验封闭训练的成果,把封闭训练中的技战术进行演练,通过热身赛找到技战术上还存在的问题,在赛前再进行适当的调整。 由于封闭训练运动量非常大,是在积累能量,让参赛运动员练到位,"吃饱",然后在赛前进行心理和技术状态的调整。 在此期间,运动员会根据自己的节奏去调整状态。 一般在热身赛中参赛运动员不会把输赢看得很重,而在乎通过热身赛调整自己的状态。 许昕昨天输给林高远,也看出他对左手打法运动员的技战术上确实存在一些问题,同时封闭训练中的一些技战术也得到了演练。 在后面的赛前准备会根据许昕的情况进行调整,相信许昕一定会比热身赛打得好,在世乒赛打出自己应有的水平。 在正常情况下,运动员的比赛状态是通过比赛一场球一场球地去

释放的，在 1/4、1/2、决赛时达到高潮。因此，比赛中精力和体力的分配，竞技状态的调整和释放就显得非常重要。许昕/小胖的双打昨天虽然输给了马龙/于子洋，但也打出了他们的一些技术特点。但在进攻线路上的组合还存在一些问题，丢掉了很多得分的机会而输掉了比赛，在后面的赛前准备中也会进行调整。从许昕/小胖昨天的比赛来看，两人的配合很好，不停地在商量技战术的变化，也非常投入，达到了热身的目的。

> 2017 年 4 月 13 日中国男乒热身赛
> 许昕 1 : 4（5 : 11/7 : 11/11 : 9/8 : 11/9 : 11）林高远
> 樊振东/许昕 2 : 4（11 : 7/9 : 11/8 : 11/4 : 11/11 : 9/7 : 11）马龙/于子洋

Q&A 2017 年 05 月 16 日

问 吴爸爸，无意间看到了一个您和博哥的视频，看到了您给博哥讲球。您觉得通过他跟继科的热身赛，如何评价这次的封闭训练？求吴爸爸分享一下您都跟博哥说了哪些？辛苦吴爸爸了！

答 这次热身赛方博和继科的比赛打得非常好，通过近一个月的封闭训练，方博对新球的适应有了很大的进步。在和继科的比赛中，方博一度大分 1 : 3 落后，但并没有放弃，顽强地把比分追到了 3 : 3，但在决胜局 8 : 3 领先的情况下没有把握住机会

而最终输掉了比赛。在比赛的间歇中我和方博聊了几句，问他在领先的时候想什么，他说主要是想赢了，在领先时还是不相信自己的反手，老想侧身，在关键时刻反手不敢碰球。方博当时问我：我的反手是不是定型了？我说：没有，还有进步的空间。关键是你必须要相信自己的反手，8∶3之前的球反手敢于和继科相持，打得非常坚定。但8∶3之后相持几板就侧身，进攻还失误。8∶8自己发球，发球之前我就和大头说，方博关键时刻就是发长球侧身强攻，结果真是这样，形成了一种心理定势，说明方博在关键时刻只相信自己的正手。我对方博说，以后的比赛你要有意识地去试一下，在关键时刻相信自己的反手，坚决不侧身会是一种什么状态，去寻找一些规律，然后根据自己的情况再去决定怎样合理地去处理关键球。我是想通过这种交流，给方博一些帮助，正确处理好正手与反手的关系。

第54届世界乒乓球锦标赛单项赛（简称世乒赛或世锦赛）

比赛时间：2017.5.29—2017.6.5
比赛地点：德国杜塞尔多夫

Q&A 2017年05月31日

问

吴爸爸，方博和索尔佳这对跨国组合首次亮相混双比赛，对战美国组合，双方对战7个回合，最终以4比3战胜对手，晋级下一轮，请您点评一下这场比赛。方博/索尔佳的默契度怎么样？状态发挥得怎么样？

答 昨天方博/索尔佳对美国队寇迪/张安的比赛由于时间太晚，我没看。今天早上补看，比赛打得很艰苦，方博/索尔佳4：3取胜。很多人在评论里都说索尔佳打得不好，其实是个误会。混双比赛主要是打男的，在男打女这轮都是男打女占上风。所以第一、三、五局都是寇迪打索尔佳，比较被动。二、四、六局是方博打张安，比较主动。在一、三、五局中比分一直落后，主要原因是方博打寇迪时进攻路线打得不好，侧身进攻失误多，反手给寇迪反手多，这时寇迪打索尔佳斜线造成索尔佳失误，看上去是索尔佳失分，实际是方博处理不好造成的。一、三、五局方博造成的失分都在5分以上，而索尔佳的得分都在3—4分之间。在决胜局开局也是寇迪打索尔佳，由于方博在处理球比较合理，方博得2分，索尔佳得3分，5：2交换场地。方博打张安就绝对上风，所以一下到10：5领先，最后11：6拿下关键局，4：3战胜对手。这场比赛比分看似紧张，但过程属于正常，只要方博在打寇迪时线路上处理好一点，就不会打到决胜局。不管怎么说，第一场比赛，赢下比赛就是好事，在后面的比赛中不断地去磨合，一定能够越打越好。

2017年杜塞尔多夫世乒赛混双第一轮
方博（中国）/索尔佳（德国）4：3（9：11/11：4/9：11/11：3/5：11/11：2/11：6）寇迪/张安（美国）

Q&A 2017年05月31日

问

吴爸爸您好，国乒这次出征德国出现了很多跨国组合。包括男双马龙/波尔，混双两对方博/索尔佳、冯亚兰/格罗斯都是跨国组合。想知道为什么在世乒赛名额这么宝贵的情况下，还有这么多跨国组合？看见过有评论说是去欧洲"扶贫"，还有说是响应号召，您怎么看？您认为这样的安排有什么意义？盼复，感谢吴爸。

答 这是在蔡局提出第三次创业后出现的新格局，一个国家每次比赛包揽金牌不利于该运动项目的发展。世乒赛男子双打和混双项目跨国配对就是为了使别的国家运动员有机会获得冠军，从而提高乒乓球运动的影响力。这次世乒赛在德国的杜塞尔多夫举行，德国乒协为了提高乒乓球在德国的影响力，吸引更多的年轻人投入到乒乓球运动当中，主动向中国乒协提出希望在男双和混双项目上和中国运动员跨国组合，如果能够获得金牌，将是对德国乒乓球运动发展的巨大推动。所以在这次杜塞尔多夫的世乒赛上，主办方对马龙/波尔、方博/索尔佳的男双和混双组合寄予了很大的希望，进行了特别的包装，引起了观众的高度关注。我认为这是中国乒乓球运动对世界乒乓球运动的发展必须付出的代价，提高乒乓球运动在世界范围内的影响力，让更多的运动员分享成为世界冠军的快乐，让更多的国外青少年乒乓球运动员能够实现成为世界冠军的梦想。

Q&A 2017年05月31日

问

吴爸爸，刚刚结束的男单第一轮许昕对捷克选手波兰斯基的比赛中，许昕以4：2(10：12、11：9、11：6、11：6、17：19、11：9)相对艰难地赢下了首场单打比赛。我是既相信他会赢，又在看的过程紧张不已。我看的是侯英超解说的直播，现在想请吴爸爸讲解一下对这一轮比赛的看法。我个人看比赛过程中，听着解说，自己的想法是首先这是一个完全不熟悉的对手，需要去试探，再者，觉得许昕应该也在找机会去释放封闭训练里新学的技术。许昕在比赛中间有几个反手得分打得非常漂亮，却也出现正反手转换衔接过程中动作来不及还原而丢分的情况。所以在后面有一段时间出现犹豫而让比赛节奏没有一直控制在自己手里。还请吴爸爸来讲解、指点迷津一下。辛苦吴爸爸啦！最后祝愿大蟒打得越来越好，过关斩将冲向最高峰！

答 今天是许昕的第一场比赛，对捷克的波兰斯基，很艰苦地以4：2赢得开门红。捷克这个队员有一定的实力，特别是反手技术很有特点，拧拉非常凶狠，而且无谓失误不多。许昕开局应该是打得不错，一上来就6：2领先，这时对手采用接发球反手拧拉得分，在发球时也突然发长球造成许昕的接发球失误，逐渐把比分扳平。在尾局的比赛中，许昕显得有些保守，接发球处理不好，斗短球太多而导致比赛失利，以10：12输掉第一局。第二局开局许昕有点乱，接发球摆短连续出现问题，被对手直接抢拉得分，自己发球抢拉也出现连续失误，1：6落后。在这时许昕放慢了比赛节奏，利用正手的进攻和发抢、接发球连

续得分把比分扳平。但在7∶6比分超出时正手的进攻失误和接发球摆短被攻连输3分,7∶9落后,形势急转直下。好在许昕利用发球和发抢得分把比分扳平9∶9,在关键球的处理上比较果断,接发球改用反面拧拉得分10∶9,接发球又主动搓长得分11∶9扳回一局。通过前两局的比赛,许昕找到了自己的比赛节奏,后面两局以11∶6获胜,大分3∶1领先。第五局打得很胶着,比分交替上升,当许昕7∶5领先时,波兰斯基改用发钩子球到许昕反手位时,许昕反手拧拉被对方进攻连输两分7∶7,许昕又利用发球和发抢得分9∶7,但接钩子球同样处理不好再次被追平9∶9。这时双方在关键球展开了激烈的角逐,最后波兰斯基把握住机会以19∶17艰难扳回一局。第六局许昕改变发球,站在正手位发钩子球到直线配合长球,占据了主动,开局7∶3领先。虽然波兰斯基顽强拼搏,把比分逐渐追了上来,但最后还是以9∶11输掉比赛,许昕4∶2艰难取胜。

这场球由于是第一场,对手也具有很强的实力,给许昕制造了很大的困难。许昕的发挥起伏较大,主要是接发球出现了较大的问题,另外在发球落点的变化上不够大胆。三、四局能够轻松取胜主要还是因为在对方接发球拧拉时反面抢拉得分,打乱了对方。虽然今天的比赛打得很艰苦,但最终赢下比赛就是最大的胜利,对比赛的艰苦性有着充分的思想准备,一场一场地打,对后面的比赛很有帮助。从比赛的全过程看,我感觉许昕的心理压力还是比较大,打得不够流畅。后面的比赛一定要调整好心态,敢于变化,大胆出手,更加自信,去迎接更大的挑战。

2017年杜塞尔多夫世乒赛男单第一轮
许昕4∶2(10∶12/11∶9/11∶6/11∶6/17∶19/11∶9)波兰斯基(捷克)

Q&A 2017年06月01日

问

吴爸爸您好，马龙/波尔组合 VS 许昕/小胖组合，大战 5 回合，比分一直胶着，双方多次展开远台对攻，比赛很精彩，最后"马可波罗"组合遗憾地输掉比赛，吴爸爸能说一下"马可波罗"输球的原因吗？点评一下这场比赛！吴爸爸辛苦了！

答 今天许昕/小胖对马龙/波尔的比赛确实非常精彩，双方都发挥出了很高的水平，最后是许昕/小胖更胜一筹，在先失一局的情况下连赢四局，以 4 : 1 取得比赛的胜利。 赛前王皓带着许昕、小胖看了 2015 年苏州世乒赛的双打录像，做好了赛前的准备。 我和王皓也进行了视频通话，提出了我的看法： 主要在接发球时以控制马龙为主，让马龙回摆，再进攻波尔。 在进攻马龙时一定要多打两条直线，对波尔要多调动正手。 如果摆短不好，就只能强行拧拉，小胖多发动，许昕跟。 许昕可以大胆挑打。 关键要去拼他们，小胖的两条直线非常重要。 从比赛的全过程看，许昕和小胖执行战术非常坚决，对马龙以控制为主，马龙回摆时许昕大胆挑打，小胖就主要搓长到波尔反手，许昕坚决反拉。 而马龙/波尔的主要战术是： 马龙坚决摆小胖正手位配合反手底线，摆许昕正手位短球配合搓许昕反手长球，波尔接发球主要以拧拉和摆短配合，抓许昕的反手。 所以比赛更多地进入了相持阶段，不管是许昕还是小胖都是用两条直线锁住马龙，而波尔也是用直线锁住小胖和许昕，这时候就显得波尔的跑动和击球质量不够，给了许昕和小胖更多的机会。 从马龙的角度看，在被小胖和许昕摆短控制住的时候，处理球太稳，挑打不

够，在回摆的时候被许昕直接挑打得分不少。 由于比赛非常激烈，比分交替上升十分胶着，谁都不愿轻易出手，减少无谓失误，最后的输赢都在一两分之间。 在关键球的处理上许昕和小胖更坚决，这是今天最后取胜的关键。 感谢他们为大家奉献了一场十分精彩的比赛，祝许昕/小胖取得最后的胜利。

> 2017年杜塞尔多夫世乒赛男双第三轮
> 樊振东/许昕 4 : 1（11 : 13/12 : 10/11 : 8/11 : 9/11 : 8）马龙/波尔（德国）

Q&A 2017年06月01日

问 吴爸爸，女双比赛，丁宁/刘诗雯以4比0横扫日本组合平野美宇/石川佳纯，通过这场比赛，您觉得丁宁与小枣配合得怎么样？

答 今天丁宁/小枣对平野美宇/石川佳纯的比赛打得非常好，特别是在前两局都是两分取胜，从而打击了日本队的信心，后面两局对方就不堪一击，4：0取得了比赛的胜利。 这场双打的胜利，对自信爆棚的日本队是当头一棒，也看出了她们技术上与我们存在的差距。 具体的战术使用我就不便在这里讲，因为日本队这对双打运动员将是我们今后的主要对手，而她们的教练都是中国人，会关注我的微博。 我想讲的是从平野美宇在亚锦赛夺冠后，日本队信心爆棚，真以为能够打败中国队。 这次世乒赛每个参赛队员都叫

嚣要打败中国队拿奖牌，其实他们的实力确实有很大的进步，偶尔吃一顿饺子可以，但还没有到超越中国队的分上，我们的整体实力还是在日本队之上。有时比赛打得非常激烈，输赢都在一两分之间。但这一两分包含了太多的东西，有可能一辈子都跨越不过看似简单的一两分。我想日本队该清醒了，要不然结果会很惨。

> 2017年杜塞尔多夫世乒赛女双第三轮
> 丁宁/刘诗雯 4∶0（12∶10/11∶9/11∶3/11∶4）平野美宇/石川佳纯

Q&A 2017年06月02日

问　吴爸爸，期盼您的答复。博哥和索尔佳的"夹脖"组合4∶0击败中国台北的选手进入八强。哈哈哈，真的好棒呀！吴爸爸点评一下博哥组合的表现？

答　昨天方博/索尔佳以4∶0击败中国台北队庄智渊/陈思羽，胜利晋级下一轮。这场比赛方博和索尔佳发挥都非常出色，配合越来越默契。第一、三局方博打庄智渊，方博完全控制住了庄智渊，让他处于防守状态，特别是方博侧身进攻直线命中率很高，每局直接得分4分。而索尔佳也发挥很好，利用反手的接发球拧拉和正手进攻，每局直接得分7分。这轮主要是索尔佳很好地控制了陈思羽，用直线锁住陈思羽，给方博创造了很好的机会，方

博的进攻线路侧身主要以直线为主，形成了良性循环。 真是"锁脖"配合。 二、四局是方博打陈思羽，方博打得非常好，每局直接得分都在 7 分以上，索尔佳两局得分 5 分，完全占据了比赛的主动权。 从方博和索尔佳的配合来看，是越打越好，进攻线路很清晰，配合越来越默契。 希望方博/索尔佳在今天对阵石川/吉村的比赛中，放下包袱，摆正位置去拼对手，加强进攻线路的变化，出手果断自信，毕竟他们是上届混双亚军。 在这场比赛中方博要承担更多的责任。 预祝方博/索尔佳抗日成功。

2017 年杜塞尔多夫世乒赛混双第三轮
方博/索小佳（德国）4：0（11：4/11：9/11：6/11：7）庄智渊/陈思羽（中华台北）

Q&A 2017 年 06 月 02 日

问 吴爸爸，刚刚看了马龙对阵瑞典选手卡尔伯格的比赛，马龙最终以 4 比 2 战胜对手，看比赛解说得太专业，不太明白，思路有点跟不上，还是想听听您对整场比赛的解读！ 请您说一下这场比赛吧。

答 马龙昨天在对阵瑞典选手卡尔伯格的比赛中打得很艰苦，以 4：2 战胜对手。 卡尔伯格是近年来瑞典队重点培养的对象，国际乒联也看好他，也曾经在世界杯的比赛中给过他外卡参赛。 在前几年的瑞典公开赛上曾经战胜过闫安，但输给了小胖。 他

的球很有特点，接发球的拧拉和相持能力都很好，反手具有很强的强强对抗能力和主动抽直线的能力，发球喜欢发钩子球直接进入相持。

在昨天的比赛中马龙第一局还不太适应卡尔伯格的打法，接发球被攻失分和进攻时被对方反手发力抽失分很多，在相持中不占上风，发抢也没有占到便宜，以4∶11输掉了第一局。从第二局开始，马龙敢于和卡尔伯格进行反手的相持，并配合相持线路的变化，从中路突破，很快就控制了比赛的节奏，以11∶5顺利拿下第二局。马龙在三、四局的比赛中乘胜追击，不给对手任何机会，牢牢把握了比赛的进程，以11∶6、11∶4再赢两局，大分3∶1领先。在第五局的比赛中，卡尔伯格加强了搏杀，开局打出了几个好球，一是接发球摆短马龙回摆，立即跳过来用反手拧拉直线得分，二是马龙进攻直线，卡尔伯格用反面切球转攻得分，3∶1领先，又利用发球得分和正手反拉把比分扩大到6∶2。马龙紧紧追赶，但由于卡尔伯格全是采用搏杀战术，接发球反手直接拧拉得分，以11∶8扳回一局。第六局开局马龙再次调动，积极主动，很快就控制了比赛的局面，以5∶3、7∶3领先，7∶5、9∶5、10∶5拿到赛点。但卡尔伯格没有放弃，奋起直追，利用相持马龙的反手失误得分6∶10，马龙发抢侧身抢拉卡尔伯格直接反手反拉得分7∶10，然后接发球反手拧拉直接得分8∶10，最后卡尔伯格发球，发钩子球到马龙反手位，马龙反手拧拉失误9∶10，关键时刻马龙接发球想侧身抢拉，一看球没出台，用正手晃搓反手长球，但没控制好弧线，是个半机会球，卡尔伯格侧身抢拉失误，马龙11∶9赢得比赛的最后胜利。最后一个球由于卡尔伯格的经验不足而痛失把比分扳平的良机，从而输掉了比赛，同时也看出马龙老道的经验和应变能力。从整场比赛看，除了第一局，马龙都牢牢地控制了比赛的节奏，技战术的运用非常合理。而卡尔伯格也发挥出了很高的技术水平，输给马龙虽败犹荣。

从目前卡尔伯格具备的技术能力来看，技术全面，反手特点突出，强强对抗能力和抽直线的意识和能力非常强，发球也有特点。只不过在技战术的使用和应变能力稍差一些。我认为卡尔伯格将是今后中国队的主要对手，要引起我们的足够重视。

> 2017年杜塞尔多夫世乒赛男单第二轮
> 马龙 4:2（4:11/11:5/11:6/11:4/8:11/11:9）卡尔伯格（瑞典）

Q&A 2017年06月02日

问

吴爸爸，都没看到您回答继科的，作为继科的球迷，昨晚熬夜凌晨一点半等着看比赛，个人感觉继科前两局打得比较轻松，第三局开始为啥打得有点吃力？六局比分分别是11:6、11:5、11:13、11:9、7:11、11:8，大比分4:2胜出。想看吴爸爸分析继科的比赛，谢谢吴爸爸。

答 昨天的单打比赛马龙和张继科都是4:2战胜对手，在第二轮就遇到这么强的对抗还比较少见，说明改球以后比赛越来越激烈，差距在缩小。继科这次世乒赛表现非常好，不管是身体状态和竞技状态都达到了很好的境地。在昨天和奥地利选手加多斯的比赛中，继科表现出了很好的精神状态和竞技状态，投入比赛非常快。

第一局继科利用发球抢攻频频得分，3∶1、7∶5、10∶5领先，11∶6拿下第一局。第二局比赛加多斯利用发长球直接进入相持，得分以5∶2开局领先，继科利用发抢得分开启了连续得分的高潮，左攻右打连得9分以11∶5再胜一局。第三局加多斯开局又以3∶1领先，继科奋起直追7∶4超出，这时继科一个扣杀高球失误，7∶5。但继科没有受此影响，利用发球连得两分9∶5领先，加多斯发球，没想到继科连续摆短失误，9∶7。心态有些变化，导致再次连输三分，9∶10落后。在这关键时刻，继科利用摆短后正手抢拉得分，把比分扳平10∶10，11∶11。这时继科发球，对方一个慢摆短球出乎继科的意料，继科侧身抢拉但球没出台，判断失误11∶12。加多斯抓住机会利用继科接发球摆短时果断反手拧拉得分，13∶11扳回一局。第四局开局同样是加多斯3∶1领先，继科把比分扳平4∶4、6∶6，这时继科接发球出了问题，连丢两分6∶8，发抢反手失误6∶9落后。继科利用发抢得分7∶9，这时加多斯在发球时急于求成，发长球侧身进攻失误，继科接发球摆加多斯正手位短球，加多斯正手挑打失误9∶9。这就是和优秀运动员在处理关键球上的差距。继科抓住机会，利用发球连得两分，11∶9拿下非常关键的一局，大分3∶1领先。第五局比赛比分交替上升2∶2、3∶5、5∶7、7∶9继科落后，继科自己发球出现失误，7∶11输了这局，大分3∶2。这局主要输在了发球轮，+3-7。第六局继科一开局就叫了起来，再次调动，以6∶1开局，逐渐掌握了比赛的主动权，没给加多斯更多的机会，以一个漂亮的正手快带得分，11∶8结束了整场比赛，晋级下一轮。

从整场比赛看，继科非常重视，调动很快，技战术的运用非常合理。但在第三局9∶5领先时由于接发球出问题，连输五分，丢掉了关键的一局而使比赛陷入了胶着状态，第四局又是在6∶9落后的情况下逆转取胜，使人一身冷汗。说明继科在比赛时精力的分配还存在问题,在领先时有些松懈。 这是在后面的比赛必须注意改进的地方,因为后面的比赛对手会越来越强,如果自己犯错误,就不一定能够挽回。 但继科在第六局的再次发动也看到了继科的整体实力,把控比赛的能力还是让人放心的。希望继科越打越好,实现自己预定的目标。

> 2017年杜塞尔多夫世乒赛男单第二轮
> 张继科4:2(11:6/11:5/11:13/11:9/7:11/11:8)加多斯(奥地利)

Q&A 2017年06月02日

> **问** 吴爸爸,今晚的男双比赛,蟒胖组合打满七局战胜了黄镇廷/何钧杰,这个比分有些出乎意料,过程胶着,您能分析一下这场比赛吗? 期待您的评价,希望蟒胖一路凯歌,夺下伊朗杯!

答 今天晚上许昕/小胖对香港队黄镇廷/何钧杰的比赛打得非常艰苦,大比分一直落后,0:2、2:3、3:3,决胜局1:4落后,最后逆转获胜。 我认为出现这种不利局面主要还是对比赛的困难准备不够,在上一场比赛对马龙/波尔的比赛打得非常好,非常艰难地赢得了比赛,许昕和小胖的调动非常快,战术执行得也非常坚决。 因此,在今天的比赛中多少有些放松,在前两局处理球非常不严密。 许昕对短球的挑打出手不坚决,时机

不好，失误很多，接发球摆短正手位也不好。小胖接发球太保守，摆短多，发球被何钧杰反手拧来后许昕很被动。另外许昕发球时何钧杰拧小胖直线时，小胖回斜线多直接被黄镇廷抽斜线，很被动。造成了大分0：2落后的局面。从第三局开始，许昕/小胖改变了战术，小胖接发球以拧拉为主，许昕注意正手位的衔接。许昕对短球的处理以回摆为主，配合搓长，减少挑打，然后小胖拧拉发动和反拉，很快以11：2、11：4把大比分扳平2：2。第五局开局很好，5：3暂时领先，后面进入相持阶段，5：5、6：6、6：8、8：8。小胖接发球摆短，何钧杰回摆许昕正手位，许昕抢拉直线被黄镇廷正手反拉失分，8：9。黄镇廷发球时非常大胆地发了个长球，小胖想用反手拧一看长球，紧急处理正手抢拉失误，8：10。最后是小胖发球，许昕正手拉球失误8：11输掉了第五局，以2：3落后。第六局许昕发球连得两分，小胖接发球拧拉又连得两分，对方有点乱，很轻松以11：1再次把大分追平3：3。决胜局小胖接发球1：1，小胖发球被何钧杰拧拉，许昕两条线陷入被动，连输两分，1：3落后，这时场外指导王皓叫了暂停，重新布置了战术。许昕接发球摆短，黄镇廷回摆，当小胖再次回摆时被何钧杰反手拧拉得分1：4，局势非常不妙。许昕接发球摆短得分2：4，稍微缓减了一下压力。许昕发球后连得两分4：4，小胖接发球拧拉何钧杰正手位，何钧杰正手抢拉斜线，许昕反拉斜线，黄镇廷侧身拉小胖反手，小胖从正手位回反手防守得分。这个球小胖打得非常好，特别是从正手回反手防守的难度非常大，而且还得分了，从士气上压倒了对手。5：4交换场地。小胖打黄镇廷，充分发挥了反手拧拉的强势，连续得分，最后以11：5取得了比赛的胜利。

这场球赢得侥幸，很不应该，必须在后面的比赛汲取教训，赢了马龙/波尔不等于就是冠军，后面的比赛还需要一场一场去拼，如果在半决赛和决赛出现这种情况就很难挽回。希望许昕

和小胖警觉起来，比赛还很艰苦，摆正位置去拼，绝不能再犯今天的错误。许昕、小胖加油！

> 2017年杜塞尔多夫世乒赛男双1/4赛
> 樊振东/许昕 4∶3(8∶11/4∶11/11∶2/11∶4/8∶11/11∶1/11∶5)何钧杰/黄镇廷(中国香港)

Q&A 2017年06月03日

问

吴爸爸，有点难过，继科和韩国李尚洙这场比赛打得很艰难，很遗憾1∶4输了，比赛中能感觉到继科在努力地挽救，但是对手在场上感觉特别凶狠，尤其第五局，继科先拿到局点的情况下被对手追平反超，结束了比赛，如果能拿下这一局结果是不是可能会不一样，能请您分析一下这场比赛么？谢谢吴爸爸，也希望继科好好调整，继续为他加油。

答

昨天晚上一直在看比赛，比赛结束已经凌晨四点多啦，早晨起得较晚。昨天继科在1/16比赛中1∶4输给了韩国的李相秀，大家非常关注。这场比赛继科是在他目前最好的状态下进行的，在场上也非常投入，但最后的结果出乎很多人的预料。

比赛一开始，继科开局很好，3∶1、5∶2领先，这时李相秀在相持中主动抽直线得分5∶3，这个球打乱了继科，连续失分5分，以5：8落后。其中相持中反手失误，又被李相秀相持中主动抽直线。 继科利用发抢得分6：8。李相秀发球，在对拉中继科正手失误和拧拉被李相秀反手反拉失分，以6：10落后。继科利用发球连得两分8：10，李相秀发长球继科反手抢拉得分9：10，但在最关键时刻继科接发球反手拧拉失误，以9：11输掉了第一局。 第二局开局进入胶着状态，继科发球轮连得4分，但接发球轮又连输4分4：4，主要是继科的接发球拧拉全被李相秀反拉，在反手的对抗中处于下风。 5：5，继科发球，两个正手拉球失误，5：7落后。 李相秀发球，在反手的相持中李相秀侧身进攻得分，5：8。 继科接发球摆短被攻失分，5：9陷入被动。 继科改用高抛发球得分6：9，再次发球进入正手对拉失误6：10，继科接发球摆短被攻失分，以6：11输掉了第二局。这局主要输在接发球上，继科拧拉被攻失分7分。 第三局开局2：2，中局8：4领先，继科发球，相持中反手失误8：5，李相秀接发球主动劈长，继科反手抢拉失误8：6。 这时场外指导刘总教练却时叫了暂停，李相秀发球时继科拧拉直线得分9：6，继科接发球拧拉进入相持被李相秀抽直线得分9：7。 继科发球得分10：7，李相秀接发球拧拉继科反手抢拉直线失误10：8，李相秀猜准继科想反手拧拉直接发长球，继科反手抢拉失误，李相秀又发了个反手位小三角球，又是出乎继科的预料，人不到位反手拧拉失误10：10。 从这两个球看，李相秀对继科关键球的处理非常了解，而且胆子非常大，出手果断。继科发球得分11：10，李相秀又再次发小三角球得分11：11。 继科再次利用发抢得分12：11，当李相秀第三次发小三角球时被继科算准，果断拧拉后侧身快带直线得分13：11。 这个球体现了继科关键时刻出手胆大果断的特点。大分1：2落后。 第四局开局同样胶着，2：2、4：4、5：5。继科发球，在相持中继科反手抽直线失误，接下来进入相持，再次被李相秀抽直线得分，5：7落后。 这个球又造成继科连续失分，5：9、6：9、6：11输掉第四局。 5：5后两个相持球失分是转折点。 第五局开局2∶2、3∶3，李相秀发球，继科拧拉进入相持被李相秀抽直线得分3∶4，李相秀又发长球得分，3∶5、4∶6、4∶7继科落后，继科接发球非常果断直接，拧拉李相秀正手位得分5∶7，继科又利用发球连得两分7∶7。 继科接发球拧拉进入正手对拉，继科得分8∶7，这是继科在这场比赛中唯一的正手对拉得分。 李相秀发球，继科又是直接拧拉李相秀正手位得分，9∶7。 10∶8时继科拿到两个局点。 李相秀发球，继科接发球拧拉进入相持，继科主动侧身进攻失误10∶9，李相秀又发长球，继科相持中反手失误10∶10。 进入关键球时刻，继科发球，李相秀摆短，继科正手位出现半机会球，继科抢拉失误10∶11，出现赛点。 李相秀发长球进入相持，继科反手失误10∶12。 最后以大比分1∶4输掉比赛，被淘汰出局。

综观全场比赛，李相秀打得非常果断，频频利用反手抽直线得分而打乱继科，造成继科的连续失分。 其次是在反手的相持中继科＋7－11，处于下风。 正手的对拉继科＋1－4。 发球轮继科＋26－23，接发球轮＋18－32。 整个数据除发球轮外都是处于下风。 从这场比赛也可以看出，新球使旋转下降，继科的旋转优势不再。 其实继科在比赛中反手的使用非常好，质量很高。 但由于旋转下降，李相秀的反手也非常硬朗，而且经常主动抽直线得分，这在以前他是没有这种能力的。 而继科在接发球上主要以拧拉为主，但实际效果不好。 这场比赛继科非常尽力了，在这么强的对抗中，继科还是多次领先，关键输在第五局10∶8领先没有拿下。 继科的比赛结束了，有很多地方值得总结，这次比赛的失利，我认为主要是输在技术上。 希望继科回去后好好总结，根据新球的特点，不断丰富和改进自己的技术特点。

2017年杜塞尔多夫世乒赛男单第三轮
张继科1∶4（9∶11/6∶11/13∶11/6∶11/10∶12）李尚洙（韩国）

Q&A 2017 年 06 月 03 日

问 吴爸爸早上好，昨天晚上高远和阿昌塔的比赛打得挺胶着的，可以跟我们详细讲解一下这场球吗？ 以及高远在这场比赛中暴露了一些怎样的问题？

答 昨天林高远对印度选手阿昌塔的比赛打得也很艰苦，最后以 4：2 获胜顺利进入下一轮。 从整场比赛看，林高远打得有点紧，没有完全放开，战术的运用也不够灵活。 主要是第一局，在开局 8：4、尾局 10：7 领先非常有利的情况下，输掉了第一局。 明显感觉太小心，不敢变化发球和发球落点，一个发球从头打到尾。 第二局改用钩子球，效果不错。 比分交替上升，2：2、4：4、6：6，林高远发球时，对方犯错误连吃两球，林高远以 8：6 领先。 接着，林高远接发球也连输两分，8：8。 关键时刻林高远发球抢攻连得两分，10：8 拿到局点。 阿昌塔发球林高远拧拉失误 10：9，这时林高远在接发球时判断失误，想拉出台球，结果球只出了一点点，没敢下手，一犹豫搓了个半高球到阿昌塔正手位，出乎阿昌塔的预判，匆忙之中拉球失误，送给林高远一局。 大分 1：1。 第三局林高远利用钩子发球频频发抢得分，阿昌塔无谓失误增多，林高远以 11：7 再下一城。 第四局开局林高远 3：1 领先，5：3、5：5、6：6、7：7，这时林高远连续出现正手进攻失误到了 7：9，明显紧张，正手动作变形，发不出力而失误。 最后以 8：11 输掉一局，使阿昌塔扳回一局，大分 2：2。 在关键的第五局的争夺中林高远开局显得有点乱，1：3 落后，后利用对方的无谓失误把比分扳平 4：4，阿昌塔发球，林高远搓阿昌塔一个正手位长球，阿昌塔回搓，被林高远

抢拉得分。接下来林高远又搓阿昌塔反手位长球，阿昌塔侧身抢拉失误，6：4 林高远领先。最后林高远把握住机会以 11：8 拿下关键一局，大比分 3：2 领先。这局球，阿昌塔的无谓失误就送了林高远 4 分之多。第六局阿昌塔基本属于崩溃状态，一上来就 0：6 落后，最后以 4：11 输掉了比赛，林高远顺利晋级。

这场比赛林高远虽然赢了，但发挥一般，有点心理压力，主要赢在反手。也暴露出一些问题：正手的进攻能力不够，+3－11。其次是发球出台，我不知道是有意发半出台球还是控制不住出台。三是接发球拧拉线路太死，全是拧阿昌塔反手位，一点不上风。应该给点中路和抽直线，这些变化没有。另外就是发球的落点和种类变化太少。这些问题都是今后需要提高的。

林高远是第一次参加世乒赛，已做到了不输外国人，非常不错。下一场比赛将对阵许昕，希望他俩都能打出高水平，给观众奉献一场精彩的比赛，完成各自的梦想！

> **2017 年杜塞尔多夫世乒赛男单第三轮**
> 林高远 4：2（11：13/11：9/11：7/8：11/11：8/11：4）阿昌塔（印度）

Q&A 2017 年 06 月 03 日

> **问**
> 吴爸爸好啊！首先恭喜女单半决赛丁宁 4：1 轻松战胜平野美宇，这一场比赛丁宁发挥得相当不错，最后一局 10：5 的时候丁宁以为结束了去跟对手握手，说明她真的心无旁骛。吴爸爸请您点评一下这次比赛和上次亚锦赛女乒从心态和技术上都有哪些提升？

答 首先祝贺丁宁顶住压力，释放自己，打出了中国女队的士气，以大比分 4：1 战胜平野美宇，挺进决赛。 今天这场比赛具有特殊的意义，受到大家的关注。 亚锦赛平野美宇罕见地冲破了中国女队三位主力夺冠后，自信心爆棚，自认为能够在世乒赛上再次战胜中国队夺取女单冠军。 于是乎日本队不管男女队员，都叫嚣要给中国队上一课。 日本队的教练也自信满满，不怕中国队针对性的研究，大有舍我其谁的感觉。 日本媒体更是嚣张，刊登朱雨玲跪在地上写自省书的漫画。 所以今天丁宁的压倒性胜利给了狂妄的日本队员当头一棒，让平野美宇感到仿佛打了一场假的亚锦赛。 中国乒乓球队不是没输过球，但我们都能从失败中吸取教训而重新走向辉煌。 这个团队有着深厚的文化底蕴和最具有创新精神的教练团队，只有能够经得起中国乒乓球队研究的人才能有机会站在世界乒乓球的最高领奖台上。 日本队这些年为了在东京奥运会上打败中国，加大了对年轻运动员的培养力度，确实也收到了很好的效果，一批女运动员脱颖而出，成了中国队的主要对手，这不可否认，但整体实力和中国队比还有很大的差距。 这次日本男队水谷隼、松平的过早出局，以及女队几乎都输在中国队手上就是最好的证明。 牛皮吹大了是要被打脸的，不知道现在日本队员心里是什么滋味？ 女队在亚锦赛输给平野美宇后，在封闭训练中每天播放失败的录像，进行专门的技术研究和针对性训练，知耻而后勇。 在这次世乒赛上，所有队员都放下包袱，摆正位置，想去和日本队决一死战，捍卫祖国的荣誉，捍卫中国乒乓球队的荣誉。 所以在今天丁宁和平野美宇的比赛中，她能够释放自我，完全把自己放在去拼对手的位置上。 反观平野美宇，由于赛前牛皮吹得太大，想赢怕输，背上了沉重的包袱。 而且本身并没有具备确保能够战胜丁宁的整体实力，只能靠拼。 所以一上来就被丁宁打得措手不及，根本就没有缓过神来，以悬殊的比分 11：4、 11：8、 11：5、

5∶11、11∶5完败。从技术环节上讲，发球、接发球、相持都是下风。虽然平野美宇技术上有特点，但存在明显漏洞，还经不起中国队的研究。我想通过这次世乒赛的失败，日本队应该吸取教训，清醒地认识到：爬山的过程很漫长，亚锦赛和世乒赛、奥运会是有本质区别的，别以为爬上一个小山头就是顶峰啦。

> 2017年杜塞尔多夫世乒赛女单半决赛
> 丁宁4∶1（11∶4/11∶8/11∶5/5∶11/11∶5）平野美宇（日本）

Q&A 2017年06月03日

问 吴爸爸好！刚刚观看了小胖和德国选手的比赛。德国选手状态很好。小胖也顶住了压力最终进入16强。希望吴爸爸点评下小胖。辛苦吴爸爸！

答 今天小胖和德国选手菲鲁斯的比赛打得很艰苦，主要是前两局比赛小胖没有把握住菲鲁斯的技术特点，给了菲鲁斯很多进攻的机会，给小胖制造了很大的麻烦。尽管这样，小胖还是依靠自己的整体实力以4∶2战胜对手，顺利晋级下一轮。菲鲁斯看上去是个削球选手，但他的攻击力很强，特别是反手换板抢拉具有很强的进攻能力，正手抢拉下旋球多是晃拉反手。反手是

长胶，有一定削球功底，正手位不太会削，喜欢兜一板然后形成对拉。 今天小胖前两局主要采用拉吊结合的战术，给了菲鲁斯很多进攻的机会。 第一局是在落后的情况下反败为胜，第二局7：10落后，追到10：10后没把握住机会输掉了第二局。 从第三局开始，小胖采用了稳拉的战术，多从菲鲁斯正手突破，形成正手的对拉。 由于小胖是近台，菲鲁斯是远台对拉，小胖具有主动性。 从而改变了拉正手回反手再放短球被菲鲁斯抢拉的战术，把握住了比赛的主动权，很轻松地以11：7、11：3连赢两局，大比分3：1领先。 第五局菲鲁斯改变战术，加大了抢攻的力度，由于小胖连续拉冲出现失误，9：11被菲鲁斯扳回一局，大比分3：2。 第六局小胖没受影响，非常耐心地打拉攻，寻找机会发力抢冲，而菲鲁斯急于抢拉，出现了无谓失误，使小胖开局后大比分领先，最后以11：3取得比赛的胜利。

  从整场比赛看，小胖打削球的能力还需要进一步提高： 一是连续拉攻的能力和从中路突破的意识。 削球最大的特点是两面大角度的球削得很好，而中间是最难受的地方。 所以对付削球一定要有先冲中间再冲两大角的意识。 二是加强发球抢攻的意识，特别是小胖的反手能力很强，要有反手发抢的能力。 这种球很突然，退不下去很容易失误或出机会球。 这种球是王皓的绝招，王皓可以传授给小胖。 三是中等力量的连续拉冲，对方全在顶板，搞不出旋转变换。

2017年杜塞尔多夫世乒赛男单第四轮
樊振东4：2(13：11/11：13/11：7/11：3/9：11/11：3)菲鲁斯(德国)

Q&A 2017年06月03日

问

吴爸爸，刚刚结束了混双的决赛，我们的"索博"组合在半决赛中苦战7局，以3∶4不敌日本组合吉村真晴/石川佳纯，无缘决赛。吴爸能点评一下博儿跟索尔佳的表现吗？感觉跨国组合在语言沟通上是个问题，运动员都是怎么解决这个问题的呢？以后我们还会有机会看到"索博"组合吗？

答

今天方博/索尔佳在混双半决赛中非常遗憾地在3∶1领先的情况下，被石川佳纯/吉村真晴以3∶4逆转，失去了进入决赛的机会。从今天的比赛看，关键在前两局的争夺。而方博和索尔佳都表现非常好，抓住机会以13∶11、14∶12连赢两局，但在大分3∶1领先的情况下，没有抓住机会把胜势变为胜利。一、三、五局是方博/索尔佳弱势的轮次，因为是吉村打索尔佳。二、四、六局是方博/索尔佳的强势轮，因为是方博打石川。因此，在大分3∶1领先的时候，第五局方博应该有所改变，打得凶一些。而方博还是四平八稳地去打，第五局就很快以5∶11输掉。第六局是方博/索尔佳的强势轮，是比赛的关键局，方博打得太稳，接发球全是摆短，石川回摆索尔佳正手位短球或劈长到索尔佳反手，吉村反拉，使方博不能主动进攻石川，造成索尔佳的失误增多。方博在打不开局面的时候，应该简化比赛，直接拧拉进入相持或劈石川反手底线，让索尔佳压直线，方博进攻石川。可惜方博和索尔佳在场上不能沟通，不能根据场上的情况做出战术的调整，这是后三局输球的主要原因。比赛虽然输了，但是方博和索尔佳表现还是不错，特别是索尔佳前

几局发挥非常好。后三局主要责任在方博变化不够。前四局方博得分 24 分，后三局方博得分 7 分，差距很大。希望方博不断总结经验，提高双打能力。

> 2017 年杜塞尔多夫世乒赛混双半决赛
> 方博/索尔佳（德国）3：4（13：11/14：12/5：11/11：6/5：11/7：11/5：11）石川佳纯/吉村真晴（日本）

Q&A 2017 年 06 月 04 日

问

吴爸爸，在刚才的双打比赛中，蟒胖组合在半小时内直接以大比分 4：0 毫无悬念直落 4 局轻松晋级决赛，这多半也来自蟒胖完美的配合默契度吧？再高难度的球都拉得来，正手太帅了，还有几个对拉，真是燃爆。想听听吴爸爸的专业点评。

答

在昨天的男双比赛中，许昕/小胖以干净利落、秋风扫落叶的气势 4：0 战胜日本队丹羽/吉村组合进入决赛，这和对香港队的比赛相比，几乎是判若两人。在和香港队比赛后，男队为此专门开会进行了小结，对许昕、小胖提出了更高的要求，他们这次的双打不仅仅关系这届世乒赛，还关系到奥运新周期全队的战略部署，因此必须全力投入去夺取比赛的冠军。所以在昨天的双打比赛中，许昕/小胖进入状态非常快，技战术的使用非常

到位流畅，两个人的配合非常默契。在多次全台对拉对抗中表现出了高超的技术能力，使人赏心悦目，打出了一波又一波的高潮。这场比赛是他俩配双打以来打得最好的一场球，希望他们把这种精神和斗志带到决赛中，做好最艰苦的准备，赢得最后的胜利。今天不再做技术点评，你懂的。

> 2017年杜塞尔多夫世乒赛男双半决赛
> 樊振东/许昕 4∶0(11∶7/11∶2/11∶7/11∶4)丹羽孝希/吉村真晴(日本)

Q&A 2017年06月04日

> 吴爸爸，怀着激动的心(刚哭完)来提问。刚刚许昕和林高远结束了世乒赛男子单打的第一场内战，打满七局，许昕决胜局以12∶10胜出，还挽救了5个赛点。想请吴爸爸跟大家再分析一下这场惊心动魄的比赛。这次世乒赛从许昕第一场比赛开始，就不断有业内外人士说到他的反手得到了很大的提高。这就是封闭训练的针对性训练成果之一吧？我还有个大胆的猜想就是，许昕反手这么大的提高，是否也有一部分原因是他的使用器材比如球板或者胶皮进行了改进？不过，这几天比赛看下来，我觉得他的反手还有更大的进步空间，他的技术还能更全面。最后，许昕继续加油！表白吴爸爸！

答 今天许昕对林高远的比赛确实打得惊心动魄,把所有人都带入了跌宕起伏的情绪之中不能自拔,每一个球的得失都让人们的情绪在高兴与窒息中碰撞。 特别是决胜局许昕5∶10落后连赢7分,让大家深刻地体会到什么是运动员的大心脏和绝不放弃的拼搏精神。 说实话,我这么多年经历了太多的失败,对于世界大赛的残酷已经见惯不惊。 但没想到在我退休之后却出现了心跳加速的感觉,从第七局第一个球开始心怦怦直跳,5∶10的时候也感绝望,但这时反而平静了。 到了8∶10时心又开始乱跳,9∶10时心已到了嗓子眼,10∶10松了一口气。 当11∶10领先时更多的是担心,看许昕能否把握住机会。 当看到许昕发长球时我感到机会来了,和我想的一样,12∶10,成功大逆转。这胜利来得太不容易了,绝处逢生。

自从被返聘国家队分管许昕以后,承受了很大的压力,决心和许昕共进退,把全部的心血都压在了许昕身上。 在短短的二十多天的封闭训练中要想有大的改变,实在太难。 没有退路,只能硬着头皮往前闯。 在技术环节上主要针对左手打法进行专门训练,改变单面拉的意识,突击加强反面的相持能力和正手中近台的快带快拉。 根据我多年参加国际比赛的经验,许昕一定和水谷隼分在一个1/4区,林高远抽在许昕的1/8区也有很大的可能。 所以在热身赛犹豫半天,还是让许昕和林高远打一场,赢了增强信心,输了总结失败在什么地方,万一在世乒赛碰上心态会好一点。 除了技术上进行改变外,在器材上也进行了调整,底板换成碳素板,增加拉起的质量,正手海绵的硬度从41度调到41.5度,增加海绵的底劲。 通过这次在龙岗的封闭训练,许昕的整体实力有了很大的提高,但训练和比赛不完全是一回事,技术是基础,关键是人。 所以我和秦指导分工,他练人,我练技术。

在今天比赛中许昕一上来调动很快,开局打得非常坚决,很快以7：2领先，林高远奋起直追，连得六分8：7把比分超出，然后比分交替上升到10：10，林高远发球，许昕反面抢攻后侧身进攻失误，10：11，许昕发球，林高远反手拧拉，许昕反面进攻后侧身抢拉直线被林高远快带斜线得分，10：12，许昕痛失大好局面。第二局比分一直胶着，谁都拉不开比分，1：3、3：3、直到7：7，许昕接发球出现失误连输两分陷入被动，林高远再次抓住机会，以11：9再下一城。场上的局面对许昕十分不利，许昕在第三局，发起了反击，在接发球的处理上加强了进攻，并利用发球落点的变化抢攻，以11：6扳回一局。第四局许昕乘胜追击，又以11：9把大分追平2：2。第五局林高远改变发球，利用发抢连得两分，给了许昕很大压力，1：3、2：4。许昕发球又出现抢拉失误2：6，林高远把握住比赛的节奏，没给许昕翻身的机会，以11：7拿下了关键的一局，3：2大分领先。胜利的天平在向林高远倾斜。第六局许昕发球1：1，接发球利用摆短后的衔接连得两分3：1，再次发抢连续得分5：1，这时林高远在处理球上出现连续失误，4：10、6：11，双方又回到同一个起跑线上，进入决赛局。林高远发球1：1，你来我往2：2、3：3，这时许昕在接发球的争抢中再次出现失误，侧身进攻直线被林高远防回头，3：5林高远领先交换场地。4：6、5：7，林高远以两分的优势压迫着许昕把比分往后推进，这也是对许昕心理承受能力的碾压。这时许昕接发球大胆晃推侧身进攻，结果林高远回球擦边，屋漏偏逢连夜雨。这个球对许昕打击很大，使许昕接发球摆短冒机会，又被林高远抢攻得分5：9，许昕被逼入绝境。许昕发球变化落点想勾林高远正手位，结果发球失误5：10，出现5个赛点。大势已去，考验林高远的时候到了。由于林高远是第一次参加世乒赛，又来到了中央球场的球台上进行比赛，万人瞩目。当出现赛点的时候，考验的是林高远能否处理好凶稳关系，拿下最后一分，这时候林高远比许昕紧张。但同时对许昕也是一种考验，是否不放弃？能否有绝地反击的能力？ 许昕发球，林高远摆短，许昕反手拧拉林高远变直线，许昕正手抢拉得分，6∶10。 林高远发球抢拉把许昕逼到了中台，许昕拉球擦边，7∶10。 许昕再次接发球，直接反面拧拉斜线，林高远反手发力抽失误，8∶10。 许昕发球林高远反手拧起来，许昕反面抗了一板，第二板直接发力抽林高远中路得分，9∶10。 这几个球都是许昕用自己的短处和林高远的长处对抗。 许昕继续发球，林高远拧拉许昕正手，被许昕等着了，正手抢拉得分10∶10。 这时林高远心理发生了变化，被许昕把比分追平后显得不够自信。 林高远发球，许昕坚定地使用反面拧拉，林高远反手抽斜线，许昕侧身拔，林高远继续反手发力抽，许昕再拔，结果林高远反手失误，11∶10，许昕顽强地把比分超出。 许昕发长球，林高远反手拉直线，许昕等在正手位进攻得分，12∶10，实现了大逆转。 这在世乒赛1/8单打比赛的历史上恐怕是一个奇迹。

综观整场比赛，双方都正常发挥出了自己的水平，许昕主要是第一局7∶2领先时没把握住机会，被林高远逆转，使自己陷入困境。 而林高远始终抓住许昕正手的空档，打得非常坚决。但在10∶5领先，手握5个赛点的时候心理起了变化，连输7分，交了一次昂贵的学费。 许昕在决胜局5∶10落后的情况下，破釜沉舟，大胆使用反面技术和林高远的强势反手进行对抗，彻底扭转局面，绝地反击。 这也是许昕需要总结的地方，为什么在被逼到绝境的时候才使用反面技术？

我想这场球已经把很多人变成了大心脏，许昕，以后不能这样啦。

2017年杜塞尔多夫世乒赛男单第四轮
许昕4∶3（10∶12/9∶11/11∶6/11∶9/7∶11/11∶6/12∶10）林高远

Q&A 2017 年 06 月 05 日

问

哭着(激动哭的)向吴爸爸提问！我们的蟒胖赢了！啊啊啊实在高兴哭了！守着直播的我，真的是看得太刺激了，恭喜国乒！恭喜蟒胖获得男双冠军，大比分 4 比 1 赢得比赛，五局对战比分分别是 11：9、16：14、11：9、6：11、13：11！吴爸爸，他们真的很棒！是吴爸爸的骄傲，也是我们大家的骄傲，吴爸爸分析下比赛过程吧，回国替我们好好抱抱蟒胖，他们是我们的英雄，永远爱胖球。

答

昨天的男双决赛许昕/小胖以 4：1 战胜日本队大岛/森园，夺得世乒赛男双冠军。许昕是三冠王，只是换了个同伴。小胖第一次获得世乒赛单项冠军，很棒。这场比赛虽然从比分看 4：1，但实际过程非常艰苦，每一局的输赢都在两分球之间。日本媒体很酸地表示只输了三分球，是有机会战胜中国队的。我前几天说过，别小看这两分，这也许就是日本队一辈子跨不过去的坎。这场比赛打得非常艰苦，是因为奥运战略的原因，中国队没有固定搭配的双打运动员，都是根据奥运周期运动员的情况进行试配。奥运周期四年，运动员的变数很大，不同的时期进行不同的搭配，就是为了保证在奥运会团体比赛中双打的绝对优势。而日本队这对双打，在 2015 年苏州世乒赛之前就一直在固定搭配，参加了很多比赛。在苏州世乒赛的双打比赛中与继科/许昕争夺决赛权的时候打满 7 局，在决胜局还拿到了两个赛点，最后被逆转。又经过两年的磨合，他们之间的配合更加默契，目前是双打世界排名第一，具有很强的技术实力，所以比赛打得非常艰苦。他们这对双打最大的威胁在于森园的

接发球拧拉，大岛的正手进攻。两人又是左右搭配，跑位很顺畅。但在昨天的比赛中，他们的技术特点基本上被我们抑制住了，在关键球的处理上许昕和小胖的出手比他们坚决，个人能力比他们强，这是比赛取胜的根本原因。技战术就不再做过多的点评，因为是主要对手，需要一些技术保密。日本队的科研能力很强，比赛录像双方都会去分析，就比谁的格局大。好啦，祝贺许昕、小胖夺得世乒赛男双冠军，一步一步走向东京奥运会。

> **2017年杜塞尔多夫世乒赛男双决赛**
> 樊振东/许昕 4 : 1 (11 : 9/16 : 14/11 : 9/6 : 11/13 : 11) 森园政崇/大岛祐哉 (日本)

Q&A 2017年06月05日

问

吴爸爸，刚刚许昕结束了和马龙的对抗，以0：4遗憾落败。看这场比赛直播的时候，觉得大蟒现场状态没有那么燃。那对于这场比赛，您觉得大蟒最大的问题出在哪儿？感觉这次世乒赛，昕爷反手得分比之前要高，是不是回国之后会继续加强反手的训练呢？感谢吴爸爸，也感谢昕爷，不管怎样，大蟒加油，吴爸爸加油！

今天许昕对马龙的比赛没有像大家预期那样非常激烈，出现了一边倒的局面，许昕0∶4输给了马龙，马龙顺利晋级决赛。从这场比赛看，马龙发挥非常稳定，对许昕的技术特点和进攻线路把控得非常好，紧紧抓住许昕的技术漏洞，越打越好，越打越流畅，取得比赛的胜利是情理中的事。许昕和马龙打，多年来在技术环节上处于下风，今天的比赛许昕也希望能有所突破，但在第二局9∶6领先的情况下没能把握住机会，被马龙逆转，使自己陷入困境。而马龙不是林高远，当你犯错的时候，马龙决不会再给你机会。

比赛一开始马龙发球，第一个球发球失误。这在马龙关键比赛中很少见，说明一开始大家内心都是紧张的。1∶1，许昕发球，在台内球的争抢中马龙出现一个机会球，许昕正手位一板抢冲斜线被马龙防个回头。这个球许昕拉球的落点不好，应该拉中间，这就是中路意识不够。1∶2、2∶2、3∶3。许昕发球，马龙接发球反手拉拉，许昕侧身抢拉失误，接着同样的球许昕反面抽失误，3∶5。马龙发球又连得两分7∶3，许昕陷于被动，最后马龙11∶6拿下开局。

第二局许昕发球，马龙接发球劈长许昕反手位底线长球，许昕侧身一板抢冲得分1∶0，许昕挑打短球失误1∶1，马龙发球2∶2。许昕发球在争抢中抢拉，被马龙反拉失分2∶3，许昕发了个侧旋球到马龙中路被马龙反手发力拧拉斜线得分。这个发球许昕发得不严密，没发直，给了马龙机会。在高手的对决中，只要你犯一点小错误，都是致命的。马龙发球，许昕摆短，马龙劈许昕反手底线长球，许昕反面发力抽斜线得分，3∶4。许昕再利用接发球劈长反拉得分4∶4。马龙发球，马龙再次接发球劈长许昕底线长球，许昕坚决侧身抢冲得分，5∶4。许昕发球，马龙摆短，许昕扑上去正手挑打得分6∶4。从这几个球看，许昕有很大的改变，过去马龙劈许昕底线长球，许昕侧不开身，都是反面拉斜线被马龙反拉，而今天许昕全是侧身冲，直接得分，这是许昕技术上的进步。这时许昕接发球反面拧拉失误,摆短侧身反拉直线又被马龙防回头,6∶6。 许昕在第二局这么关键的时刻,接发球直接失误不应该,侧身反拉被防回头属于正常,许昕拼得很凶,马龙心中有数,双方都打出了非常高的水平。 许昕发球得分,7∶6。 马龙又劈许昕反手底线长球,许昕再次抢冲得分,8∶6。 马龙不信许昕还能抢冲,许昕也不信邪,你敢来,我就给你拼命,坚决冲。 这就是运动员在比赛中斗智斗勇。 许昕接发球反面拧拉后反面相持得分9∶6。 马龙发球,许昕摆短,马龙回摆,许昕反手拧拉失误,7∶9。 许昕发球,马龙摆短,许昕由于上一个反面拧拉失误,没敢继续反手拧,结果回摆出现机会被马龙抢拉失分9∶8。 这两个球,比的就是谁的球更严密和谁的技术更过硬,比的是谁的无谓失误少,而许昕恰好是输在了反面技术不过硬和犹豫上。 许昕继续发球,马龙因为前面几个劈反手底线球被许昕抢冲失分,知道许昕今天是给他拼了。 于是改变线路,搓许昕正手位长球,许昕还是准备马龙劈反手,当马龙搓正手位时,步伐不到位,正手拉球被马龙反拉失分,9∶9。 这个球看出马龙对许昕的算计准确到位,而且出手非常坚决。 马龙在掌控着比赛的主动权,许昕在跟着马龙的节奏走。 马龙发球,马龙抓住许昕反面拧拉质量不高的漏洞,发直线球,许昕反面拧拉失误,10∶9马龙领先。 马龙继续发同样的球,许昕再次反手拧被马龙反手抽斜线得分,11∶9。许昕在处理这两个球时不够大胆,第一个球许昕要拧的话,就应该狠一点抽斜线,因为没有质量拧过去也不上风,不是许昕的强项。 这是因为许昕在9∶6领先时被马龙追平,想加保险,结果反而失误。 这就是在关键球的处理上怎样去处理凶和稳的关系,这需要大赛经验的积累。 在第一个球接发球失误以后,第二个接发球就应该有些变化,而许昕还是采用了同样的方法,结果被马龙等了个正着,抽斜线得分。 大分0∶2落后。 在这种情况下,许昕很难再有力量去逆转困局。

第三局比赛又打到了9∶9，到了关键时刻。许昕发球，马龙摆短，许昕扑挑斜线大角，质量非常高，没想到马龙连滚带爬地正手拉了个直线，出乎许昕的预料，眼睁睁地看着球挪不动脚。9∶10许昕落后。这个球许昕打得非常坚决，没毛病。但马龙打得更好，对许昕的线路算得非常准，而且手上有功夫，在这么困难的情况下还能把球打过去，这就是综合能力的最高体现。绝对为马龙的这个球点赞！许昕继续发球，在相持中马龙反手给了个许昕的正手位大角，许昕用交叉步把球拉回斜线，马龙等在侧身位抢拉直线得分，11∶9，马龙再下一城，大分3∶0。这个球看出马龙对许昕进攻线路的了解，提前侧身等在那里，抢拉直线。这两球马龙打得实在漂亮，不愧是奥运冠军和大满贯。最后第四局马龙更是打得风生水起，给观众展现了中国顶尖运动员的精湛球技和风采，让人叹为观止！

我今天给大家这么详细地点评这场比赛，是想让你们对乒乓球比赛的深刻内涵有个深入的了解。乒乓球队的辉煌，是几十年来几代乒乓人共同努力的结晶，是日积月累刻苦训练的结晶，是教练员运动员不断付出的结晶，是教练员运动员智慧的结晶。感谢今天马龙和许昕给我们奉献了这么精彩的比赛。

2017年杜塞尔多夫世乒赛男单半决赛
许昕0∶4（6∶11/9∶11/9∶11/3∶11）马龙

Q&A 2017年06月07日

问 吴爸爸，在德国世乒赛上，樊振东打李相秀那一场，李相秀被樊振东打得落花流水，甚至还要靠樊振东让球来得一分，不然会吃一个11：0，但是这一个让球却惹怒了韩国球迷。又正是因为这一个球的让分，让本来就对李相秀表现十分不满的韩国球迷更加上火，在大喷李相秀的同时，甚至将矛头指向了樊振东，认为他这种明显的让球更显得是一种显摆，简直就是赤裸裸的侮辱，让本来已经很难堪的李相秀更加难堪，让韩国乒乓球难堪！现在网上各种评论都有，吴爸爸，你怎么看？

答 小胖在与韩国队李尚洙的比赛中，在10：0领先的情况下，以发球失误的方式让对手一分，再次引起了大家的关注。其实在比赛中出现这种情况是比较难处理的，比赛时场上的情况千变万化，7：1、9：2领先被逆转的情况比比皆是，因此在比赛中不到11分绝不敢放松。当比赛出现9：0的比分时，只要对手还没有放弃，也不敢随便放一分。如果在这时被对手连续追分，心态就会发生变化而导致连续输球，甚至被逆转。只有在10：0的情况下，对手已经崩溃，可以放一分，目的是不让对手太难堪。这时候有两种情况，一是对方发球，10：0领先一方主动接发球失误，因为如果你接过去，对方完全有可能失误，造成11：0的局面。这种情况在比赛中多次出现过。10：0一方不想让得明显，就把球接过去，希望对方得一分。而落后一方也想赢一分，可偏巧又失误了，0：11结束。还有一种情况是发球方10：0领先，把球发过去，对方接发球失误，出现11：0的局面。

这两种情况出现就很尴尬，所以在出现 10∶0 的情况下，领先一方都是主动失误，这是大家心照不宣的潜规则。 可能会有人说，11∶0 又有什么关系呀。 是没什么关系，只是感觉上应该给对方留点空间。 但就是这种方式有人也觉得不爽，只能是站在各自的立场去理解了。 但有一点是可以肯定的，出发点是善意的。

> 2017 年杜塞尔多夫世乒赛男单半决赛
> 樊振东 4∶0（11∶6/11∶9/11∶6/11∶1）李尚洙

Q&A 2017 年 06 月 07 日

问 吴爸好，国乒队已启程回国，能评价一下您的弟子许昕在本次世乒赛上的整体表现吗？ 以及结束本次世乒赛之旅的国乒队接下来有什么安排？ 谢谢！ 辛苦吴爸！

答 许昕在这次世乒赛上的表现基本上达到了我的预期，单打进了前四，半决赛输给马龙很正常。 其实许昕也有了很大的突破，在比赛中技术的使用比我想象得好，特别是侧身抢冲下旋球，在和马龙的比赛中有六次抢冲都是直接得分。 在以前的比赛中不是抢拉失误就是冲不死也回不来。 这是一个非常大的进步。 但在和马龙的比赛中，第二局 9∶6 领先没抓住机会，第三局 9∶9 自己发球没拿下。 说明有机会没抓住，关键球的处理上

暴露出发抢的特点不够狠。而马龙对许昕确实太了解，打法和技术上都占优势。除非许昕把马龙打紧张，比分一直咬住，才有赢马龙的可能。许昕在双打上的表现非常优秀，和不同的同伴配对实现了三连冠，在比赛中技战术的发挥是行云流水，在双打上的整体优势目前在队内是无人能比。改新球以后对许昕的挑战非常大，最擅长的正手拉球的旋转下降，靠拉球的旋转控制对手得分已成过去，拉球的力量和落点是得分的关键。因此，许昕的正手拉球的意识和动作都必须改变，从中远台到中近台、从大动作到小动作，都要快速转变，而且打法意识也必须从单面向两面转变，技术结构也应随之发生大的变化。在器材上也必须进行调整，适应新球带来的变化。所以，在短短的二十多天的封闭训练里，许昕有这么大的进步已经是非常不容易了。对林高远的比赛，始终是想扛一板后侧身，但被林高远抓住正手的空档摆脱不出来。只有在决胜局5：10落后的情况下，破釜沉舟，全是用反面发动，不侧身，敢于两面上手才侥幸逆转成功，从最后的7分球看到了今后技术的发展方向。但要从长期单面意识中转变过来是个痛苦的过程，需要有坚实的反面技术做支撑。因此，今后许昕技术打法的发展方向就是直板横打加前三板的争抢。我会和许昕一起努力的，最困难的时刻还没有过去，还需脚踏实地地往前走，到下届世乒赛还有两年的时间去突破自己。相信许昕！

Q&A 2017年06月08日

杜塞尔多夫的世界乒乓球锦标赛结束了，在我的微博问答里给大家点评了很多比赛，但一直没有点评决赛。因为对小胖在最后关键时刻没能把握住机会感到非常遗憾，输得我心很痛。其实我几次试图回答这个提问，觉得不管我多心痛，也应该有始有终。但我实在写不下去，每写一个字我都觉得扎心，控制不了自己的情绪，最后还是选择放弃，希望大家能够理解我的心情。

这场决赛是一场教科书式的精彩绝伦的比赛,比赛过程跌宕起伏,双方运动员斗智斗勇,是一场心理、意志、胆量的较量。 不论谁输谁赢,都赢得了全世界的尊重。 如果点评的话,会牵涉到很多技战术的使用和变化,从技术保密的角度,就不做点评了。 请大家理解和谅解,谢谢!

其他(2008 年北京奥运会乒乓球男单决赛)

Q&A 2017 年 03 月 21 日

> **问** 吴爸爸您好,一直很敬佩您培养了那么多优秀的运动员。 很想听您分析一下 08 年奥运会决赛皓哥和琳酱那场球。 其实对于很多球迷来说,只会看比分而不会看球,可以普及一下怎么看懂一场比赛吗? 我也是,很多比赛打完就忘了,根本没从中收获啥,希望您能回答我,谢谢。

答 这场比赛确实令人关注,打得惊心动魄。 我除了在奥运会的时候看完了这场决赛,之后再也没有去触碰它,不忍心去看。 当看到这个提问时,也觉得事情过去这么多年,从技术的角度解读这场比赛,使大家能够真正理解乒乓球比赛的魅力也是有意义的。 因此,今天重看了这场比赛,给大家做一些分析。

从这场决赛来看,俩人实力相当。 在北京奥运会之前的比赛中,王皓多次战胜马琳,心理上不怕马琳,马琳对王皓也非常理解。 据我的观察,王皓对这次奥运会男单冠军是志在必得,心理压力有点大。 从进奥运村的第一天起就有点紧张,第一次在比赛馆训练的时候就显得人重,他自己也意识到了,在训练的时候自己也在叫：跳起来，跳起来。

在团体赛中王皓发挥非常好，一单一双全拿下。单打也越打越好，进入决赛。马琳在团体赛发挥也非常好，特别是非常艰难地拿下了对韩国队吴尚垠这场比赛，此后信心大涨。在单打比赛中再一次淘汰吴尚垠，战胜王励勤进入决赛，状态也是非常好。

在比赛一开始，王皓显得压力比马琳大，有些放不开。开局1∶3落后，在3∶3时连输3分陷于被动，到6∶10落后，王皓又把比分追到9∶10，但在关键时刻王皓拉球落点不好，被马琳反拉，9∶11输了第一局。第二局王皓明显无谓失误增多，3∶7、4∶10落后，自己主动失误达到了8分之多。但王皓没有放弃，奋起直追连得5分，9∶10，又到了关键时刻。王皓发球，马琳摆短，王皓反面拧拉马琳中路，被马琳侧身反拉得分9∶11。再次输在了关键球的处理上。从这两局看，比分虽然紧张，但都是王皓落后，双方都打得紧。马琳由于被王皓限制住侧身，很少侧身发力进攻，更多的是采用侧身拔后连续进攻的战术，造成王皓的主动失误。而王皓被马琳抓住正手位短球的弱点，没有太好的进攻手段，在回摆中失误或被攻。第三局第一个球的多板正手对拉王皓得分，士气大涨，3∶1领先开局。6∶6时王皓靠接发球拧拉和发抢得分连得5分，11∶6扳回一局。第四局，王皓开局不好，几个无谓失误1∶3落后，王皓抓住马琳的正手空挡连续得分6∶3反超。但在这时王皓的无谓失误葬送了这有利局面，连续回摆被攻和直接失误，6∶5、7∶5领先时又是连输6分，7∶11。这6分球都是在短球的争抢中直接失误和被攻失分。这局的失利使王皓处于非常不利的局面。第五局王皓又是开局不利，2∶5落后时王皓叫了暂停，把比分追到5∶7，这时王皓反面主动进攻马琳推挡变直线形成正手对拉，王皓失误，5∶8。这是一个非常关键的球。在6∶9时又是一个双方侧身的对拉，王皓失误，6∶10，出现了马琳的4个赛点，把王皓逼到了绝境。王皓利用发抢连得两分，8∶10，接发球主动拧拉，马琳侧身反拉，王皓直接变直线得分 9∶10，把比赛的气氛带入了高潮，全场观众热血沸腾。王皓接发球拧拉，马琳侧身反拉，王皓防直线形成了王皓正手的主动进攻，马琳就正手拉球拼命往台上拨，结果王皓正手进攻失误，9∶11。马琳最终赢得了最后的胜利。

综观全场比赛，双方都打得紧，特长技术都没有完全发挥，马琳的正手爆冲一个没有，王皓的反面连续只有一个球。双方都在前三板上缠斗，而这是马琳所擅长的。马琳在三局 10∶6、10∶4、10∶6 领先的情况下被王皓连续追分，说明了马琳心理的变化，说明在萨格勒布马琳被王励勤逆转的心理阴影还在，而王皓在 9∶10 关键球的处理上存在很大的问题，前两局是出手不够果断，落点不好被马琳反拉。最后一局在赛点的压力下正手连续进攻半机会球失误，王皓没有抓住转瞬即逝的机会。这场球马琳的精彩在于死缠烂打，王皓的精彩在于绝不轻言放弃。每一局比赛都把全场的观众带入了高潮，让所有人体会到了比赛的残酷，体会到了比赛的跌宕起伏，体会到了每得一分都是那么不容易，体会到了中国队的每一次胜利就在于那关键的一两分球。而这一两分球包含了太多的东西和内涵，这一两分也许就是外国运动员永远迈不过去的坎。谢谢马琳、王皓给我们奉献了这么精彩的比赛。不管输赢，那个时代将永远刻上"二王一马"的烙印，是他们的精彩岁月。

最后的数据：王皓发球轮 +22－25（+4－6、+5－5、+5－4、+3－5、+5－5），接发球轮 +23－25（+5－5、4－6、+6－2、4－6、4－6）。从数据看两轮都处于下风，输赢都在一两个球之间。

2008 年北京奥运会乒乓球男单决赛
王皓 1∶4（9∶11/9∶11/11∶6/7∶11/9∶11）马琳

"高手"的成长之路

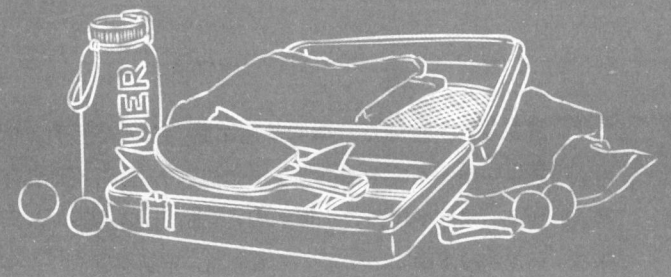

"高手"的成长之路

马 龙

Q&A 2017 年 02 月 16 日

> **问**
>
> 吴指导，您能评价下马龙现在的乒乓球技术体系吗？ 在各种评论都是"技术全面无明显漏洞"的情况下，征战东京如何创新提高？ 谢谢。

答 马龙从苏州世锦赛夺得男单冠军后，整个人上了一个台阶，不管是心理还是技术都得到了全面提升。 里约奥运会夺冠是人心所向，是他多年孜孜不倦的积累和付出的结果。 从目前来看，马龙的技术确实做到了"技术全面，无明显漏洞"，是目

前最先进的打法,也是将来乒乓球技术发展的方向。

如果从东京奥运会的角度看马龙,能否保持良好的心态是关键,就看他内心深处是否还能有激情和对奥运会冠军的追求和渴望,是否能够经受得住年轻运动员的冲击而不动摇。技术环节应该不会有太大的问题,主要是能否针对器材和规则的不断改变而调整好自己的技术、跟上潮流。另外很重要的一点是,随着年龄的增加,特别要注意伤病对技术的影响。体能训练的重要性绝不在技术训练之下。

Q&A 2017年02月17日

问
吴指导,想请您点评一下在樊振东和马龙的几场经典对决中,小胖输,是输在哪?赢,又是赢在哪?现在两人之间的差距大吗?

答
樊振东自出道以来就和马龙进行了多次交锋,最经典的比赛就是2013年第十二届全运会男单决赛、2014年亚洲杯男单决赛、2015年苏州世乒赛男单半决赛、2016年的国际乒联巡回赛总决赛男单决赛。这几次比赛都以樊振东失败告终。

全运会决赛是樊振东第一次冲击马龙,马龙对樊振东的技术特点还不是很了解,因此在局面上樊振东一点也不落下风,打得马龙很被动,关键是第六局,樊振东大分3:2领先,第六局小分4:2、8:6领先的情况下没抓住机会,被马龙逆转。到决胜局就被马龙在气势上压倒,最后败北。这次是输在经验上;亚洲杯决赛马龙是大分3:1领先,在我们都认为没机会的时候,樊振东毫不手软奋起直追到3:3,在决胜局8:6领先的情况下犯了和全运会同样的错误,最后输掉了比赛;苏州世锦赛男子半决赛马龙是完胜樊振东,明显马龙准备得非常充分,没给樊振东任何机会,对马龙来讲这场球是志在必得,如果输给樊振东,就可能丧失奥运会参赛名额的争夺权;2016年总决赛是在马龙掌控比赛下以4:2战胜樊振东,前三局由于樊振东脚踝受伤没完全恢复,打到决赛时有点力不从心,不敢侧身。0:3落后时就放手一搏,拼回来两局。但对面是马龙,他不会给你机会去超过他,最后樊振东2:4败北。从目前两人的情况看,技术上差距不是很大,马龙的反手能力近年来有很大的进步,而樊振东近网短球正手的漏洞也弥补了很多。现在的差距主要是在比赛的经验和斗智斗勇上,基本上是樊振东跟着马龙的比赛节奏在走,马龙现在和樊振东比赛有心理优势。只要在世界大赛上樊振东能够突破马龙一次,胜利的天平就会向樊振东倾斜。

Q&A 2017年03月03日

问 今晚,马龙发表演讲时,说感谢2014年刘国梁教练让他更换球拍。您能具体评价一下吗?

答 确实是这样的,马龙自从反手改用红双喜套胶之后,反手技术发生了质的飞跃。国家队每次封闭训练之前,都要进行运动员技术会诊,明确封闭训练需要解决哪些问题。在这之前,大家谈到马龙的时候都觉得他技术全面,没有明显的漏洞。2014年初的封闭训练之前的运动员技术会诊上,针对马龙的情况,我第一次提出了马龙需要提高的是反手能力。马龙在世锦赛上三次输给王皓,几次差点输给小胖不是偶然,是因为他的反手存在漏洞。可能我的意见和刘指导不谋而合,刘指导决定让马龙反手改用红双喜套胶。改的目的就是希望其在反手技术环节上有所提高,蝴蝶套胶利于防守,进攻时摩擦性不好,不太适合马龙反手的技术特点,长时间也没有太大的突破。红双喜套胶胶皮黏性好,有利于击球时的摩擦。因为球大了,击球时撞击多很容易下网,必须加大摩擦才能保证击球的稳定性。由于马龙的手感非常好,红双喜套胶正好适合马龙反手的技术特点,所以反手技术得到质的飞跃。

  在改的时候刘指导叮嘱马龙,在离苏州世锦赛只有半年多的时间改反手海绵需要下决心,义无反顾。马龙接受了刘指导的建议,下决心拼了。对于马龙来讲,苏州世锦赛是他第五次冲击世锦赛冠军,是不允许失败的,一旦失败将会直接影响到奥运会,形势会发生很大的变故。在这样的情况下,马龙下这个决心是需要非常大的勇气。由此可见运动员为了奥运冠军的梦想什么都敢于付出。苏州世锦赛马龙的成功,更加坚定了他对自己反手技术的信任,并在训练中不断加大反手技术的训练力度。所以,在里约奥运会男单决赛对张继科时,除了马龙的前三板技术发挥突出外,在反手相持上也一点不落下风。最后夺得奥运冠军,完成了大满贯梦想。随着以王皓、张继科为代表的反手技术体系的出现,世界乒乓球技术发展方向也在悄悄发生变化,正反手两面技术均衡是新的要求。而马龙反手技术的提高,正好适应了技术的发展的要求,使马龙的技术体系如虎添翼。所以说,马龙的技术是现在世界乒乓球技术的发展方向。马龙的成功,和刘指导的大胆决定是分不开的,也只有刘指导才能说服马龙下决心改。我们不得不佩服刘指导的睿智和对运动员心理、技术的深刻了解。马龙感谢刘指导是应当、是发自内心的。

* 直通开幕式上马龙发言。

张继科

Q&A 2017年02月22日

> **问** 吴指导您好！继科的成功之路到底有多艰辛呢？他是如何从陪练队员逆袭到最快大满贯的？谢谢吴指导。

答 其实每个运动员的成功之路都是非常艰难的，无论是刘国梁、孔令辉、王励勤、马琳、王皓，还是马龙，都经过千锤百炼，才走上了成功之路。很多球迷喜欢张继科，主要是被他在比赛场上的拼搏精神和血性所感染，被他以最快的速度取得大满贯所表现出来的精湛球技所折服。

张继科的成长之路也是非常艰辛。张继科在国家二队的时候就一直是重点培养对象，上一队后因为违反了国家队的纪律被罚回鲁能队。这对好胜的张继科是个沉重的打击。回到鲁能后曾一度非常消沉，在鲁能总教练尹霄指导的耐心帮助和鼓励下，他走出低谷，靠自己的实力在全国锦标赛打进前八名，重返国家队。从某种意义上说，是尹霄指导在张继科最低谷的时候挽救了他。当张继科重回国家队的时候，马龙已经是世界冠军了，是主力队员，已经和张继科拉开了距离。就是凭着一股血性和绝不服输的劲头，张继科开始了自己的追赶之路。之后的日子里，在刘国梁指导和肖战指导的精心引导下，继科有了飞速的进步，每天他和肖指导都是最后一个离开球馆。在2010年莫斯科团体赛的第三场，刘指导在非常困难的情况下选择让张继科上场，给了继科一个非常宝贵的机会。就此，继科开始了腾飞之路，400多天成就了大满贯，创造了最快的大满贯纪录。就是依靠自己的拼搏精神和血性，抢班接班，继科开创了自己的辉煌时代。

Q&A 2017年03月27日

> **问** 吴指导，在国乒队我最最最喜欢的就是小胖和继科啦！他俩都是赛场上暴力凶猛，场下温暖细腻的男孩子。记得您以前还说过有段时间小胖一直想超过继科，两人经常一起练球，想想就觉得很可爱。您能聊聊他们之间的趣事吗？

答 继科和小胖从一开始关系就非常好，继科就像大哥哥一样带着小胖，他们经常在一起练球。虽然小胖从第一次参加世乒赛输给继科起，就把战胜继科作为目标，但继科对小胖从来就没有什么隐瞒，不断给小胖帮助。

我印象最深的是2013年的德国巡回赛时，小胖在1/8比赛就会遇到继科。赛前我对小胖说，别看你在全运会上刚赢过继科，他当时是大意了，当比分落后想追的时候已来不及了，你超水平发挥，才赢下了比赛。所以明天的比赛你必须尽全力去拼。小胖对我说，他非常愿意跟着继科，当个小跟班，但也非常想赢他。当时我想这小子心挺大。结果第二天的比赛小胖就以4:1战胜了继科。但我心里明白，继科没有尽全力去打，给了小胖一个机会。最后小胖战胜了老桑和奥恰，夺得冠军，引起了世界乒坛的注意。国际乒联惊呼：中国又出了一个神童！在接下来的厦门封闭训练中，有一次教练员和运动员一块聚会，吃饭的时候小胖就坐在继科边上，继科没事就和小胖说上几句，结束后俩人一边走，继科就一边不停地给小胖说。当时我心里非常感动，虽然听不到他们在说什么，但我知道继科一定是在告诉小胖他的比赛经验和体会。看到他俩那么好，我就想起了当年马琳、王皓也是这么跟着国梁的，国梁随时随地在给他们讲一些比赛的经验和处理球的方法。小胖的进步神速也和继科给他的帮助分不开。其实这也是年轻运动员向老队员学习的技巧，跟在老队员后面，能学到很多在教练员那里学不到的东西。继科最令我感动的是在已经拿了大满贯后，在北京一次多球训练的时候，主动把小胖叫过去，让小胖教他反手抽直线，小胖就给他做示范，讲他自己的体会。在后来的比赛中，经常看到继科打出高质量抽直线的好球。我当时就想，都是大满贯运动员了，还能放下架子向小胖学习，这种精神太难能可贵了。正是这种对事业认真不懈的追求和虚心学习的态度，造就了继科的大格局。他在任何时候都非常清楚地知道自己要的是什么，为了他的追求愿意付出任何代价，绝不吝啬。

樊振东

Q&A 2017年02月18日

问

吴指导您好，一转眼小胖也由可爱少年进入了当打之年，请问在您带小胖这些年中，有哪些事让您印象深刻？又有哪件事让您觉得小胖真的长大了？提前谢谢您的回答，祝您一切都好。

答 小胖确实是一个非常可爱、不可多得的运动员。他有思想，有追求，有毅力，有天赋。在带他的这些年里，我经常被他感动。带他的第一天我就告诉他，有什么事、什么想法一定要告诉我，不管是对是错，然后我再告诉你应该怎么做，所以我们之间的沟通没有障碍。我的训练理念很凶，技术先进是根本。刚开始我就要求他反手发力抽直线，他心里嘀咕但不敢说，于是悄悄给王皓、马琳发短信：马哥、皓哥，吴指让我发力抽直线，这么凶，比赛可能这么打吗？马琳、王皓告诉他，吴指让你怎么练就怎么练。于是他就坚决按照我的要求练，也不告诉我去问过他们。后来我告诉他这是先进技术，不是搏杀，当你真正掌握以后就是你的技术风格。现在，小胖的反手抽直线成了他的标志性技术。当小胖逐渐成为主力队员之后，面对马龙、张继科、许昕，经常输球，他对我说，吴指导，为什么现在赢球这么难，已经找不到赢球的感觉了。我对他说，当你往上冲的时候，对手是方博、闫安、尚坤等一流队员，而你现在面对的是世界最顶尖的三大高手，输球在所难免。只有不断地积累经验，一个一个地突破他们，才能站在奥运会的最高领奖台上。"哦，明白了。"当时他的表情太逗了。故事太多，一时半会儿讲不完。

Q&A 2017年02月27日

问 吴指导您好，卡塔尔公开赛马龙再次打败了樊振东，我很疑惑，自从樊振东坐着火箭上升到主力层以来，大赛经验不少，发挥稳定、技术也比较成熟，为什么还是翻不过马龙这座大山？作为外行人我搞不懂，这是实力不够的问题呢，还是马龙的球路压制了小胖呢？这么看来，小胖适合学习马龙这样全面细腻的风格吗？求解惑！

答 一个运动员成长的道路不是一帆风顺的，必须经过千锤百炼。樊振东从出道以来，进步神速，短短时间之内便到了主力层的位置。在国际上小胖具有打败任何对手的实力，但在国内比赛和国际比赛中面对马龙、张继科时他就属于冲击者，因为他面对的是世界上最高水平的中国运动员。他必须翻过这两座大山才能站在世界乒乓球的最高领奖台上。而这个过程有的人很容易就翻过去了，有的人却需要较长的时间，这和那个时期主力队员的年龄结构和技术结构有关。当年轻队员往上冲的时候，如果老队员在走下坡路，就更容易成功。当老队员处于鼎盛时期的时候，就相对比较困难。马龙十年磨一剑，也有世锦赛三次输给王皓的痛苦经历。而樊振东现在面对的是处于鼎盛时期的马龙，不管是心理、技术、经验和综合能力都在小胖之上。马龙也决不会轻易让小胖从自己身上踏过去，会利用自身的优势去延缓这种情况的发生。而在国际比赛场上两个中国运动员相遇时是没有场外指导的，年轻队员除非综合能力在老队员之上，在稍差和差不多的情况下大多时候是要交学费的。这就是在国内比赛小胖能够战胜马龙，而在国际比赛中鲜有胜绩的原因。马龙苏州世乒赛夺冠后整体实力得到了极大提升，特别是刘国梁指导让马龙反手使用红双喜套胶之后，加上马龙超强的手感，使他的反手技术发生了质的飞跃。过去比赛时小胖还有机会抓住马龙反手的漏洞，而现在小胖就是和马龙硬比反手也不占优，再加上马龙凌厉的正手进攻能力和多变的发球和接发球，小胖始终处于随时接招的被动局面。所以我说除了其他的因素外，小胖技术落后于马龙，能够被马龙死死抓住漏洞是输球的根本原因。而其他人也知道小胖的漏洞，却没有能力去抓住。知道和抓住有本质的区别。对小胖来讲，要想在世锦赛上有所突破，在仅有的时间内必须下狠心解决技术上存在的漏洞，进行针对性训练。同时不断磨练自己的意志，从每一天做起，使自己的内心变得更强大。到那时一切皆有可能。小胖加油！

许 昕

Q&A 2017 年 03 月 12 日

> 吴指导您好，我是许昕的球迷，这次直通许昕最后阶段发挥不尽如人意，失去直通资格，刘指导对他的批评也非常严厉。这次直通的失利会不会影响许昕在主力层的位置？他的技术还能不能再前进一步？将来还有希望夺得世界大赛冠军吗？

在这次直通比赛中许昕在最后阶段没能把握住机会，失去了直通资格，在第一阶段比赛的总结中，刘指导就对许昕提出了严厉批评。在第二阶段血战到底的比赛中，许昕再次负于林高远，再一次失去了直通的机会。在总结时刘指导对许昕提出了更加严厉的批评，今后不是把许昕折磨活就是折磨死，不希望半死不活。这是对许昕提出的最严厉的警告，这意味着许昕今后的路将更加艰难。前面有马龙、张继科、樊振东，后面有林高远、梁靖崑、方博、闫安等运动员的冲击。不是在烈火中倒下就是在烈火中重生。

对许昕来讲，必须清楚地认识到所处的位置已经发生了巨大的变化，并有危机感，这是非常重要的。现在已经没有任何退路，只能彻底改变自己，涅槃重生。首先是战胜自己，对自己狠一点，抓住每一次细小的机会磨练自己的意志，绝不轻易原谅自己，练心，练人，使自己内心变得越来越强大。其次是技术上的创新，其实这次比赛许昕的技术已经发生了很大的变化，看到了技术发展的方向，在比赛中也在坚定地尝试，收到了很好的效果。竞技体育就是这么残酷，只有成绩才能说明一切。所以对许昕来讲，取得好成绩是通往东京的唯一途径。在这个过程中，自己的努力和付出是取得好成绩的唯一保证。我相信许昕只要坚定信念，涅槃重生，坚持技术创新，使自己的技术特点更加鲜明和丰富，一定能够实现自己的梦想。

林高远

Q&A 2017年03月08日

问 吴指导，讲讲林高远的成长之路吧！这次直通让很多人注意到了这匹黑马。他之前奥运年刚升上一队时没有教练，打乱了节奏，成绩不如意，晚上做梦都会哭醒，拼到如今打出了不赖的成绩！感谢吴指导这些年来对他的教导和打磨，见证了他的成长！

答 林高远到我的训练组三年多，当时分队员的时候我有点私心要了林高远和周启豪。因为马琳回广东去了，后面没人接班，我想帮帮马琳。其实当时对林高远并不看好，正手动作结构有点问题，杀伤力不够，但反手的感觉不错，在男线正手的杀伤力不够是致命的。针对林高远的技术特点，首先考虑的是建立反手的得分体系，并加强强强对抗的训练。正手进攻以速度和落点为主，减少发死力，用八成的力量击球，正手位多拉直线，再利用反手的优势创造得分机会。由于林高远不是主力队员，更多的时间是和樊振东、许昕进行对抗训练。强调反手斜

线的发力连续抽后转直线，经过一年多的训练，逐渐形成了反手的进攻体系，台内拧拉、近台快抽，以及中台连续拉。

由于林高远前三板的技术还比较全面，加上反手的进攻体系，逐渐形成了自己的技术特点，在国内比赛中开始崭露头角。但由于正手的杀伤力不够，始终缺乏突出的成绩，直到去年和马龙在一个俱乐部打乒超联赛，马龙带他打比赛，给了他很大的帮助，实战经验有了很大的进步。

目前林高远存在的最大问题是正手的进攻能力和战术的组合能力，所以造成了技术发挥不稳定。这次直通之所以能取得较好成绩，首先是调整好心态做到想赢不怕输。赛前的准备会上我明确告诉林高远，这次直通全部主力都参加，不要去想拿冠军，心里要干净，在比赛中尽量去展现自己的技术特点就好。另外在比赛中我做场外指导，根据对手的情况布置相应的战术，并进行调整。最终，林高远战胜了在队内比赛中刚赢过他的对手，并冲击主力队员，战胜了樊振东和许昕，在和马龙的比赛中，在第一局获胜，第二局9：8领先时反手拉丢了一个机会球而被马龙逆转，最后输掉了比赛，失去了夺冠的大好机会。林高远在这次比赛的出色表现引起了大家的关注，希望在第二阶段一如既往地轻装上阵，努力发挥出自己的技术水平，把握好每一场比赛。

Q&A 2017 年 03 月 10 日

> **问**
>
> 吴爸好。不止一次听你说过林高远正手发力动作有问题，想问问这个缺陷他现在还可以纠正吗？他比赛正手常拉丢，如果不能改进了，有什么其他弥补办法吗？

答 我确实在提到林高远时多次讲到了他正手动作有问题。主要是动作结构不合理,在击球的时候有些抬肘,发不出力。由于这是从小养成的击球动作,肌肉和神经联系已经定型,很难再有大的改变。这就是我一开始就不看好林高远的原因。在男线,正手不好是致命的,在大赛中正手的进攻能力和杀伤力将起到决定性的作用。

针对林高远正手的特点,我采用了一些简单的方法去弥补:

1. 夹紧大臂,动作缩小,尽量用腰带动大臂发力,尽量在击球发力时腿、腰、大臂、手腕同时发力。重点强调手腕在击球瞬间的爆发力;

2. 尽量靠近中近台,避免过多形成中远台的对拉,用速度抵消力量;

3. 对右手则要注意正手位拉球的落点,多拉直线,尽量让球回到反手位,再发挥反手的进攻能力,伺机侧身进攻。对左手正手尽量快速锁直线,当球回到反手位时尽量反手拉直线,避免和对方形成正手对拉。

4. 强调正手拉球不要发死力,八九成力量击球,这样动作不会变形。击球方式采用连拔带冲,先摩擦后撞,把击球弧线拉高拉长。

5. 加强正手位的快带快拉,在进攻对方的中远台半高球和高球时不要靠力量去打死对方,而采用快带和吸短球的方法,以巧取胜。

6. 不可避免形成正手对拉时,不要想把对方拉死,尽量拔住,伺机锁直线再转反手。

由于林高远的反手进攻体系的建立,只要正手具有一定的进攻能力,在技术上就不会出现太大的漏洞。真要到了比赛时,谁也不敢板板给你正手。但随着新球的使用和技术的发展,正反手技术的均衡是发展方向,更多的是反手的强强对抗,这样就会减轻正手的压力。

Q&A 2017年03月19日

问 啊,我也想跟吴爸爸撒个娇,可以讲一讲林高远的故事嘛,或者他给你印象最深的一件事吗?

答 看球迷的评论才知道今天是林高远的生日,先祝林高远生日快乐!

就这个话题,讲讲林高远的故事。 我记得第一次认识林高远的时候是在广东乒乓球训练馆,当时是马琳参加全运会回广东训练,我去看马琳。 马琳跟我说,有个小孩不错,你看看。 我就看了一下他的训练,给我的印象是一般,正手动作有点问题,其他没什么特别突出的。 林高远打上一队以后,在厦门封闭训练时我偶尔也注意一下他的训练,没太上心。 直到马琳回广东担任乒乓球管理中心副主任后,队里重新分配队员时才把林高远主动要过来。 当时主要的考虑是想帮一下马琳,马琳退役后广东没有好的队员;其次是我组里没有左手运动员,而我们国外运动员的主要对手都是左手,小胖打左手的能力不够,需要进行专门的针对性训练。 我接手林高远以后,根据他的技术特点确定了首先应建立反手体系,形成立体的反手进攻能力,正手以中近台为主,以速度和进攻的落点变化为主。 在和小胖的训练中各取所需,小胖练正手的连续进攻和锁直线的能力,林高远练反手与樊振东正手进攻的强强对抗,主要强调了必须主动发力,不许打借力球。 然后衔接反手抽直线的能力,注意抽直线时接触球的部位的调节。 经过一年多的训练,林高远逐步形成了自己的技术特点和体系,在国内和队内比赛中时有良好表现。

由于林高远不是主力队员，在他身上花的精力不多，主要是利用空余时间加班训练。林高远是个腼腆的男孩，平时沟通交流也不多，只是在训练场上的交流，讲解技术要领和训练思路。他是一个非常认真和刻苦训练的运动员，我给他布置的训练计划都认真执行，兢兢业业。这一点可能是我组里的传统。

在去年的超级联赛时林高远看到我，对我说：我们都希望你留下来，能不能再带我几年。我对他说，基本不可能了，你主要把握好我教给你的训练理念，按照这个思路去调整。今年的直通比赛，由于没有进行教练员竞聘，刘指导临时让我客串教练，负责我组的四个队员的场外指导。由于林高远在直通比赛之前的选拔赛发挥不好，是以外卡的资格参赛的，第一天我就告诉他直通比赛跟你没关系，别抱任何幻想，打出自己的技术水平就好。再加上我做场外指导，给他的战术组合进行了不断的调整，最后他超水平发挥取得了直通门票，超出了我的想象，成了直通比赛的最大黑马。我一直告诫林高远，从这次比赛看出，你输球很多时候不是输在技术上，而是输在战术上。要学会在比赛中敏锐地发现对方的优点和弱点，扬长避短。如果你的长处发挥不出来的时候，试着用你的短处去打对方的短处，也许你的短处比他的短处长。用脑打球，别愣打。我想这是直通比赛林高远最大的收获。进入主力层是可喜的第一步，将来的发展进步还得一步一个脚印地去走。希望林高远不断进步，努力实现自己的梦想！

王 皓

Q&A 2017 年 02 月 18 日

问 吴指导,您怎么看待王皓的含泪退役? 可惜吗? 您怎么评价王皓的职业生涯呢? 盼复。

答 每个顶尖的职业运动员在他们的职业生涯中都有许许多多刻骨铭心的事情,一路的艰辛、一路的磨难是一般人无法体会的,从他们开始进入专业队到站在世界最高领奖台近二十年时间里,取得成功喜悦的次数远远不及失败的痛苦、技术的困惑和伤病的煎熬次数多,他们为了心中的那个梦想不断挑战着自己的极限。 王皓是一个非常出色、不可多得的运动员,一直以来他都是严格执行着教练为他制定的训练计划,每次训练非常自觉,对自己的训练要求很高,但对周围的人非常温和宽容,或许就是因为他不够霸气,或许是运气欠佳,三次和奥运冠军擦肩而过,这是一个无法形容的深深遗憾,不仅对王皓本人,对我来说也一直是心中最大的遗憾。 应该说他是一个内心非常强大的运动员,在自己有夺冠实力的情况下,三次屈居奥运会亚军。这对世界上任何一个顶级运动员来说都是毁灭性的打击,但他还是一次次地走过来了,一次次站起来。 退役后王皓在教练的岗位上也很出色,相信他将来会更优秀。

Q&A 2017 年 03 月 06 日

> 吴指导，您好，有个问题困扰我很久。就是大家都知道王皓是您一手带出来的，王皓的独门绝技是直拍横打。为什么其他人对这门技术的掌握不像王皓那样炉火纯青。是天赋使然吗？以后会不会有人能达到王皓的水准。期待您的回复，谢谢。

这确实是一个天赋的问题，王皓的反面吃球非常好，就感觉球是粘在他的球板上的，随便他往哪里扔。王皓从第一次学反手台内拧到逐渐形成反面体系也经过了较长时间，但这个过程中，完全体现了王皓对球速的"捂"性，台内、近台、中台、远台的技术构成了一个立体的体系，是前人从未有过的。王皓反面的天赋体现在反面的空间感上，在比赛中来球有长有短，有高有低，王皓都能根据来球自然地快速调节，调节站位，调节击球时的重心，调节击球动作，调节击球部位，都是一气呵成，非常流畅。不像现在很多队员在反手击球时一会儿掉位，一会儿被来球顶板打板边，站位也卡不住位，不知道在什么位置击球最合适，击球动作一会儿大，一会儿小。包括小胖的反手有时也会出现这种情况。

至于今后是否有人能达到王皓水准，我估计很难，因为这也涉及教练的训练水平。王皓刚进国家一队的时候，谁也没有看出王皓有什么天赋，只是感觉打法特别，前无古人。后来是蔡局在看王皓的训练时，提出了如何解决直板最大的软肋左半台近网短球，让王皓尝试了一下反面拧拉，结果发现王皓的反面拧拉非常吃球，很有空间。这才开始一步一步训练，不断丰富反面技术，开启了直板横打技术的创新，给世界乒乓球界带来惊喜，原来乒乓球还可以这么打。如果不是蔡局提出问题,我不去尝试,按照训练马琳的思路去训练王皓,可能就没有今天的王皓。

运动员的天赋,有的是一眼就能看到,有的是需要教练员去挖掘运动员的潜力的。挖掘出来了是天赋,没挖掘出来就埋没了。这就需要考验教练员的训练水平和因材施教的教学能力。而目前大多数教练员不知道怎样去训练直板横打,这是造成目前直板横打运动员技术水平不高的原因之一。直板横打的训练理念和方法是新生事物,需要一个学习和掌握的过程,我希望这个过程不要太久。

Q&A 2017年03月17日

  跟吴爸爸撒个娇可以吗? 想听一个关于王皓的有趣故事。

王皓确实是一个非常阳光的运动员,带他这么多年,给我留下深刻印象的是2004年底,运动员重新分组。当时我组里有马琳、王皓、陈玘三个主力队员。从2008年奥运会的角度考虑,我这组里不可能三个主力都在,我的精力和能力也达不到这个要求,因此,必须在他们三人当中分一个到别的教练组。当王皓得知这一消息后,心里十分不安,每次教练组开会结束,他都会马上过来问我,怎么样? 定了吗? 我说,还没有。看到他那副生怕被分出去恋恋不舍的神情,我非常感动,这是运动员对你的信任和依恋。看到他那笑嘻嘻真诚的脸,我不自觉地想逗他一下。有一次教练组刚开完会,王皓满脸期待地问我,定了吗? 我很严肃地说,定了。"没我事吧?""把你分出去

了。""不会吧。"王皓满脸疑惑和痛苦地看着我,眼泪快要流下来了。 我一看不对,马上说,逗你的,还没定。 拍了拍他的肩膀。 王皓愣了半天,笑嘻嘻地对我说,吴指导,你这个玩笑开得有点大。 这时眼泪立刻涌满了我的眼眶,我心里直后悔,干嘛给他开这个玩笑,真不应该。 从此以后我就再也没有和运动员开玩笑了。 运动员对我的信任和尊敬是发自内心的,这种感情在我们一起同甘共苦奋斗的过程中已经超越了师徒关系,是一辈子也割舍不掉的亲情。

Q&A 2017年03月15日

问 吴爸,您好! 请问您,马琳和王皓两人您觉得最有意思的地方分别是什么呢? 能说说师兄弟之间的趣事吗? 谢谢您了!

答 马琳和王皓由于性格不一,打球的风格截然不同,训练的套路也不同。

马琳属猴,猴精猴精的。 由于是直板反胶单面拉,很辛苦,需要付出比横板多几倍的努力。 由于每天跑步伐训练,一周穿破一双鞋,一天顶破一双袜子,他要求的是不做无谓的付出。 我要他练一个新的计划,他的第一反应是在比赛时是否有用。 在这种情况下我是逼着他练,先不说有用没用,尝试一下没关系,实在没用再退回来。 很多技术都是我逼着他练的。 经过几次这样的交锋,证明我是对的,他就再也不说什么了。 只要我和他有新的想法就大胆去尝试,达成了相互的信任和默契。

王皓是属猪的，啥事也不想，觉得教练都替我想好了，我就踏踏实实地去执行，把技术练得很厚实，让别人打不动我。王皓养成了习惯，你教练说什么他就练什么，绝对信任，大智若愚。这促使他练就了一身反手体系，领导世界新潮流。但是跟他师哥比起来，缺少了点算计，经常被马琳治得一愣一愣的。我看着干着急，我没有办法去教王皓怎样去打马琳，只能靠他自己去琢磨，一碗水得端平啦。这种痛苦一直伴随我到北京奥运会男单决赛。

　　2007年萨格勒布世锦赛单项比赛，王皓一路打得非常好，半决赛碰上马琳。比赛晚上进行，中午全体教练在一起吃饭，他们就问我说，老吴，你说今天马琳和王皓谁赢。我很直接地告诉他们，马琳赢。在场的人都不说话了，心里想王皓状态这么好，不一定吧？结果真是马琳赢了。有的教练后来问我，你凭什么判断马琳会赢？我说，马琳和王皓比赛，相互非常理解，最后的输赢取决于谁的无谓失误少。事实上在半决赛中，正是由于王皓有几个手上的关键球失误导致了比赛的失利。马琳由于打法特点，天生抠得细。王皓性格使然，天生豪爽，像个大老板，有体系就是任性。

马　琳

Q&A 2017年03月17日

> **问**
>
> 吴指导您好，琳酱有三次落泪让我记忆犹新，第一是北京奥运夺冠后掩面嚎泣，第二是莫斯科世乒赛拿了两分后接受采访时无语凝噎，第三是伦敦奥运会期间和您打牌被您骂哭了。请问马琳在您眼中是否是一个情感丰富，爱哭的人呢？能否分享一些马琳令您感动的故事？

答 马琳是一个非常重感情的人，他对蔡局，对我，对刘指导，对乒乓球队永远都是抱着一颗感恩的心。男儿有泪不轻弹，只是未到伤心处。

你记忆中马琳的第一次哭是在北京奥运会夺冠后跑上看台和我拥抱，我们俩是抱头痛哭，这时语言是苍白的，我们在一起经过的艰难岁月是任何语言无法表达的，酸甜苦辣只有自己知道，唯有泪水才能冲刷掉痛苦经历留下的痕迹。

第二次是莫斯科决赛拿两分获得团体冠军后采访时的流泪。那时，改无机胶水后马琳的特点全没了，连球板都不会粘，技术水平受到非常大的影响。莫斯科决赛时使用的板都是陈玘帮他粘的。直通莫斯科他是通过生死战最后一个打出来的。在生死战之前，马琳告诉我，如果他今天输给王励勤了，他会要求刘指导带他去莫斯科，给其他人当陪练。真是让我感动，在生死关头他想到是为这个团队奉献自己的微薄之力。当在决赛中成为夺冠的最大功臣时，泪水冲掉了所有对他的质疑。

第三次是否落泪我真不知道，但我知道是我过分了，马琳没有错。事后我主动发短信给马琳，我说我错怪他了，对不起。马琳马上回信，师傅，没事。

马琳还有一次鲜为人知的落泪，是在萨格勒布世乒赛男单决赛上，他在大比分3：1领先、第五局7：1领先的情况下被王励勤逆转。比赛结束后我们全体教练员、运动员在一起聚会，蔡局、刘指导和王励勤、马琳、王皓一同举杯畅饮，为北京奥运会共勉。当聚会结束后回到房间，马琳已经酩酊大醉，一阵阵撕心裂肺的惨叫传遍了走廊。当我第二天听说后，我的心在颤抖。运动员为祖国的荣誉所付出的努力和承受的痛苦是我们一般人想象不到的。这个话题很沉重，泪崩。

Q&A 2017年03月18日

> **问** 吴爸爸，看了王皓的故事，我也想了解一下关于马琳的有趣故事。马琳对于小枣的要求会严格吗？咋感觉小枣眼神怕怕的，谢谢！

答 哈哈，全完了，都要求讲故事。在北京奥运会的时候，我几乎每天都陪着运动员一块吃饭，第一天吃完饭后去拿冷饮，看见冰柜里有火炬冰淇淋，我心想这挺好，说了一句：圣火不灭。没想到这一吃就收不了场了，马琳每次吃完饭都会给我一支火炬冰淇淋，一顿也不落下。到半决赛打完，由于是马琳和王励勤比赛，我就一直在门外等马琳出来。等马琳新闻采访结束后出来已经很晚了，我陪他去奥运村食堂，当吃完饭后去拿火炬冰淇淋的时候一看没有了，食堂里吃饭的人少了很多，供应的食品也少了很多。结果马琳跑遍了绝大部分食堂的冰柜没有，我说算了吧别吃了。马琳说不行，一定要找到。结果马琳去找志愿者问什么地方能有火炬冰淇淋。志愿者马上就去找，结果在很远的一个角落的冰柜里终于找到了。吃完安心回房间。说实话，我是偶尔吃冰淇淋，但要我每顿饭后都吃，实在是受不了。可是为了圣火不灭这句话，只能陪他们坚持到最后一天。我也看到了马琳对奥运冠军的渴望，为了心中的圣火不灭，努力做任何一点小事给自己带来积极的暗示，绝不轻易放弃。这也许是马琳成功的秘诀。

对于马琳，我一直认为他会是一个很好的教练，最后能站在奥运冠军领奖台上是他对于乒乓球理解最好的证明。他回到广

东后,负责协助国家队教练对刘诗雯的训练,在苏州世锦赛对李晓霞的比赛中,刘诗雯采取了男子比赛的意识,坚决侧身正手进攻打乱对方的节奏,不和你打相持,第一次在大赛中突破李晓霞。我一看完全是马琳的意识,看出了马琳对刘诗雯技术的影响。马琳为了刘诗雯付出很多,只要刘诗雯说需要马主任,马琳随时到。刘诗雯在国外比赛时,马琳全是自己花钱去陪她,从心理、技术、比赛经验全方位指导。陪着刘诗雯度过每一次挫折,陪她哭,陪她笑,陪她度过每一次训练课。这是对乒乓球的热爱和执着,也是作为一个教练员的基本素质。现在刘诗雯已建立了对马主任完全的信任,所以她看马琳的眼神总是怕怕的。

Q&A 2017年03月28日

问

吴指导,您好! 我们在比赛的时候大多都是看到队员沉着冷静的一面。想知道马琳、王皓这些身经百战的世界冠军在比赛的时候有没有出现过心理崩溃的情况,您又是如何劝导他们的?

答 确实你们在比赛场和电视上看到的都是运动员为国争光、激动人心的场面,但在胜利的背后有多少失败的痛苦却鲜为人知。比赛的时候运动员都是不到最后一分球绝不放弃,不会轻易崩溃。但比赛失利的打击却容易造成心理的崩溃。

2004年雅典奥运会是马琳运动生涯中的最好时期,身兼单、双打两项。可怎么也没有想到在1/8比赛中会输给瑞典老

将瓦尔德内尔,这对马琳是个非常致命的打击,人基本上处于崩溃状态,根本不知道怎样去面对以后三天的双打比赛。 在这三天里我每时每刻都在陪着马琳和陈玘,一起出发去比赛馆训练比赛,一起回来吃饭回公寓。 每天走的是同一条路,在同一个餐厅吃饭。 我不断给马琳鼓气,单打输了回去好好总结,但目前必须把双打打好,是男子汉就别趴下。 最后,是在陈玘的带动下,在 1/4 和 1/2 的比赛中发挥了应有的水平进入决赛,最后夺得了冠军。 虽然拿了双打冠军,但单打的失利就像一根刺扎在了心窝里,时时作痛,很长一段时间马琳都没能从失败的阴影中走出来。 在第二年的全运会上,马琳在团体赛上输给了八一队的李陟,团体被淘汰出局。 单打在 1/2 比赛中又输给了王皓。 大家的议论都集中在一个点上:马琳不行了。 我当时心里也非常着急,但没有什么好办法。 回到北京后我把马琳叫到家里来吃饭,问马琳:"你觉得参加北京奥运会有多大的几率?"马琳说:"50%。""大错,你现在的状况连 20% 都不到。 在自己的祖国参加一次奥运会是百年不遇的机遇,千万不能错过。 必须拿出你拼命三郎的精神,忘掉过去,从现在一步一步做起还来得及。"这次谈话敲醒了马琳,使他又重新振作了起来,喊出了用生命去换奥运金牌的心声,最后如愿以偿拿到了梦寐以求的奥运会男单金牌。

王皓的经历比马琳更惨,北京奥运会决赛输给马琳使王皓掉进了万丈深渊,两次奥运会决赛的失利所带来的痛苦是任何外人都不能体会得到的。 在 2009 年的横滨世乒赛前的封闭训练时,王皓根本找不到一点训练的快乐,破天荒地提出想自己回北京调整一周,在中国乒乓球队的历史上还从来没有出现过这种情况。 刘国梁教练和蔡局商量后,果断地同意了王皓的要求。 当王皓调整回来,我们对他的要求仅是站在比赛场上,这就是胜利。 王皓非常坚强,只要站在比赛场上就是一名战士。 在我的心里,他拿冠军比马琳的大满贯都要重要,他只有拿了这个冠军才能勇敢地走到 2012 年。我每天跟着他，做他的场外指导，带着他熬过了前面几轮，进入了前八名。这时的王皓醒来了，靠着自己先进的技术体系，最终夺得了横滨世乒赛男单冠军。他在夺冠后的那一声倒地怒吼，把憋在心里的痛苦一扫而空。看到这个情景我暗自为王皓高兴，付出终于有了回报。竞技体育就是这么残酷，机会是不能浪费的，失去了就永远没有机会了。

Q&A 2017 年 04 月 03 日

问 吴爸爸，刘国梁说马琳是最聪明的球手，陈玘调侃说马琳球路太恶心了和他打球都想吐，老瓦被问最惧怕的中国选手，也说是马琳。您能说说马琳打球风格吗？可不可以顺便附带一个有趣的小故事？

答 马琳的技术风格主要是前三板技术非常突出，正手的主动上手能力非常强。而且马琳在比赛时会一直不停地算计，只要你有漏洞，他就死死地抓住不放，直到把你打崩溃了为止。由于他的变化太多，有时会打出非常高级的球，让对方感到很尴尬，所以外国运动员很不愿意和马琳比赛，总感觉浑身不舒服，什么都没有发挥出来就输下来了。马琳是一个非常有天赋的运动员，他对旋转的理解超出了他同时代的运动员。由于是直板反胶单面打法，对球的细腻性要求非常高，每个球都需要算计。这就自然而然地养成了马琳比赛节奏慢的习惯，所以好多运动员很不适应马琳的比赛节奏。我记得有一次比赛，马琳对前南斯拉夫运动员普里姆拉兹，以往都是对方被马琳的节奏拖得很难

受,最后输了比赛。 这次碰上马琳,他来了个以其人之道还治其人之身的战术,比马琳的节奏还慢。 结果马琳反而不适应了,被拖得心烦意乱而输掉了比赛。

马琳在运动员时期,由于打法的原因,跑动非常大,体力消耗也非常大,因此饭量也特别大。 有一次到我们家吃烧烤,我们知道马琳能吃,所以准备了很多,至少有 30 串超大羊肉串和特意在超市买的两盒鸡翅,还有点烤肠之类的东西。 大家边喝啤酒、边烤边吃,不知不觉吃得干干净净。 在旁边负责烧烤的师娘只尝了一串,等烧烤结束时就剩下一桌签子啦。 这次让师娘深深感受到了被马琳大胃支配的恐惧。

王励勤

Q&A 2017 年 03 月 28 日

问 吴爸爸,07 年乒乓球世乒赛王励勤逆转战胜马琳,问鼎世乒赛三冠王,您当时作为马琳的教练有何感想? 现在力哥有力嫂时时爆料,那他在国家队有什么趣事呢? 向吴爸爸问好,吴爸爸辛苦了。

答 这场球不管是对我还是对马琳都是刻骨铭心,眼看到手的胜利,用我们当时在场下看到马琳第五局 7∶1 领先时候的话说,"这是神仙也救不了的球",结果输了。 这场比赛还关系到 2008 年奥运会的参赛资格。 我当时心里非常难过和惋惜,为什么在最后一刻总出问题? 当王励勤把大比分追到 3∶3 时,当

时还是总教练的蔡局问我：老吴，你觉得马琳还能赢吗？ 我说：相信马琳还能赢。他说：老吴，别太自信，我看基本上走了。 作为马琳的主管教练，不到最后一刻是不会认输的，始终相信自己的队员，但结果是残酷的，不以我们的意志为转移，痛彻心扉。

马琳和大力是一辈子的冤家对手，大满贯的梦想都毁在对方的手上。 有人曾经给我开过一个玩笑，说他俩就不能相互把冠军匀一匀，非要这么较劲。 这就是体育精神，更高、更快、更强。 二王一马，正是他们相互的存在，才成就了那个时代。

大力在国家队这么多年，一直是我琢磨的对手，也是我最佩服的运动员。 他对乒乓球的热爱和追求深深地感动着当时的每一个教练。 从他进一队的第一天起，就吸引了大家的眼球，谁都想要。 身材高大，打法先进，步法灵活，身轻如燕。 是多年不见身材和打法结合得这么好的运动员，是蔡主教练刻意打造的主要对象。 当时蔡指导非常果断地把王励勤分给了李晓东教练，把晓东乐得心里都开了花，在大力身上投入了全部的心血。 大力的自律、认真和刻苦训练是全队出了名的，是教练员嘴里教育全队的标兵。 给我印象最深的一次是有一次训练，大力正手发力太猛，造成手腕的一根筋断裂，当时大力为了比赛是边治疗边训练。 大家想想，那是钻心的疼啊，大力就是靠着毅力把钻心的疼磨到不疼了。 所以大力在刘国梁和孔令辉之后成了男队当之无愧的"一哥"。 现在回头看大力，他之所以在后来被王皓、马龙、继科超越，我认为是在他整体实力领先的时候没有技术创新，当他意识到快被超越的时候就已经来不及了。 在中国乒乓球队，不进则退，没有永远的领先，这都是血的教训。 现在我们看马龙、继科的不断创新，不断丰富自己的技术，也就不奇怪了。 这也是中国乒乓球队长盛不衰的原因之一，"一切从零开始"绝不是一句口号，是一种不断创新、完善自我的精神。

大力现在已经走上了领导岗位，但认真的精神一点没变，随时都在和我交流许昕的一切情况，为许昕倾注了全部心血。祝愿大力越来越好！为勺子多买礼物！

陈 玘

Q&A 2017年03月14日

> **问** 2003年，陈玘的哪些方面打动了你，让你决定把他要到组里跟马琳配双打，并最终在雅典拿到了双打冠军？他们俩大赛上的心理状态谁更好啊，每次大赛前你比较担心谁？

答 2003年7月，在上海封闭训练期间，刘国梁正式上任男队主教练。我第一次主动向刘指导提出想要陈玘，目的是要他和马琳配双打。因为之前马琳是和秦志戬配，但感觉两个直板反手没有进攻能力，会受限制，在奥运会上很难战胜王励勤/阎森，所以主动要了陈玘。陈玘的技术特点是发球好，正手进攻杀伤力强，反手有一板发力抽，防守不好。接手陈玘后在他的技术上进行了一些调整，加强了正手短球的加转快摆短，抢冲半出台球，这些技术都是为双打准备的。陈玘的奔跑能力很强，步伐快。所以马琳和陈玘配，解决了反手被动的问题，他们俩正手进攻能力都很强，马琳的转不转发球和陈玘的发球配合，发球抢攻这一轮很占优势，接发球马琳、陈玘都会加转快摆短，抢拉半出台球都不错，没有太大的问题，是最佳配对。从开始配

对后，他们就参加了 4 站巡回赛，全部夺冠。 在总决赛中也获得了双打冠军。 陈玘的个人成绩世界排名从零开始，三个月冲到了世界排名第五。 外国运动员惊呼： 中国又出了一个神童，我们打了几年，排名还在 30 名开外，这小子三个月排名第五，服了！

在奥运会预选赛之前，三对中国配对展开了残酷的队内竞争，水平旗鼓相当，孔令辉/王皓率先胜出，最后在马琳/陈玘与王励勤/阎森之间进行了一场空前惨烈的生死战，最后马琳/陈玘胜出。 正是有了这场生死战的锻炼，成就了马琳/陈玘的奥运冠军梦。 在巡回赛中，马琳/陈玘这对双打是马琳带着陈玘打，把老外打怕了，看到他俩就知道输了。 生死战是陈玘带着马琳打，那天 4 个人，陈玘发挥最好，其次是阎森。 2004 年奥运会时，由于马琳在单打 1/8 比赛中意外地输给了老瓦，整个人处于崩溃状态。 在后三天的双打比赛中，陈玘比马琳打得好，并最终夺得了奥运会双打冠军，迈进了奥运冠军行列。 也正是这个奥运双打冠军帮助马琳走出了低谷，才会有北京奥运会马琳的两块金牌。 在配双打夺冠的进程中，马琳和陈玘产生了很深的友谊，成了生死之交。

Q&A 2017 年 03 月 26 日

> 问
>
> 吴指导，您在采访中多次提到陈玘的离开是您的遗憾，能给我们讲讲您眼中的陈玘么？

答 看来这个话题是躲不掉了。陈玘离开我的训练组以后,我确实在采访中提到过对他的离开感到很遗憾。

2003年7月,刘国梁担任男队主教练的时候,运动员重新分组,当时我把陈玘要了过来,目的是为马琳找一个左手双打搭档,去拼2004年奥运会的男子双打。在这之前,除了平时的正常训练之外,我都没有注意过他的技术水平怎么样。在超级联赛中陈玘战胜了好几个主力队员,刘指导特别喜欢他,因而直接把他从江苏队调到国家一队。就是凭着一种感觉,我认为他和马琳配比较合适。来到我组里,他给我的第一印象是这孩子有股杀气,发球好,打球挺狠,反手差。特点突出,漏洞明显。考虑到当时单打水平不够,主要从双打上突破。因此在技术上进行了调整,围绕双打技术进行组合。没想到不到半年的时间,马琳和陈玘的双打就横扫天下,连续夺冠,一站不漏,单打世界排名也一下蹦到了世界第五。这让我感到非常兴奋,也许我的横板梦就要从他这里开始。现在你们感到"杀神"桀骜不驯,但在那时陈玘可听话了,训练从不讲价钱,我怎么说他怎么练,特别自觉。我真正对陈玘另眼相看是在残酷悲壮的生死战的时候,当领导决定通过一场生死战来决定马琳/陈玘、王励勤/闫森这两对双打谁参加奥运会预选赛后,我爱人建议我带马琳和陈玘离开奥运会预选赛的住地,找个地方调节一下,别闷在那里。我觉得非常好,就带着他俩来到了方庄东北菜馆,坐在了11号桌。边吃边聊,快结束的时候,陈玘对我说:"吴指导,您放心吧,我命硬。"我心里一震,但愿吧。吃完饭结账,111元,服务员说给你抹掉零头,110。我去,报警啊?我赶忙说千万别,我就是想要111。我心里想的是奥运会三块金牌。出门一看门外大钟1:08,温度18度。我心里一乐,全是吉祥数字。结果在第二天的生死战中,陈玘发挥特别好,完全是超水平发挥,打出了很多不可想象的球。最后马琳/陈玘以4:2战胜对手，获得了奥运会预选资格。当时我就感觉这小子将来不得了，这么好的心理素质，这么硬朗。2004年奥运会马琳/陈玘夺得冠军后，陈玘跑过来和我击掌，我摸了摸陈玘的头，忍不住泪如雨下，没有生死战，就没有今天的胜利。下来后我对陈玘说："双打冠军拿了，今后的目标一定要在单打上有所突破。"陈玘说："我知道了，吴指导，您怎么说我怎么练。"当时那个心里一阵暖啊，他就像现在的小胖一样可爱。可我怎么也没想到2005年冬训时国梁突然告诉我：从全队的大局出发，你得从马琳、王皓、陈玘三人中分一个出来，你认真考虑一下分谁合适？我当时脑袋"嗡嗡嗡"一阵乱响，我怎么分呀？很长一段时间内心都是非常纠结、痛苦和无奈。2008年奥运会4个重点，我手里仨，确实也管不过来，从全队的利益考虑也必须这么做。马琳一路走来非常不容易，我的直板梦没圆不甘心。王皓打法独特，别的教练带不了。就只有陈玘了，他在我组里时间最短，虽然我非常看好他，但在集体利益面前，我只能做出牺牲，服从全队的利益。所以说后来说到陈玘的离组我就感到非常遗憾，有两个方面的考虑：一是在管吕林的时候人们说我是双打教练，管马琳、王皓的时候人们说我是直板教练。我就一直想教一个横板，证明我的训练理念教谁都可以。我这么看好陈玘，觉得他非常有希望突破别人对我的认知，却眼睁睁看着他离我而去；二是在冬训前我给陈玘进行了反手的强强对抗训练，表现出来的训练质量太好了，完全超出了我的想象。有一次和马琳的队内比赛，陈玘打得马琳都不知道该往哪里给球了。但最后陈玘没有达到我预期的高度，所以感到遗憾。当然，这只能是我的预期，并不代表陈玘不从我组里分出去就一定能够在单打上成功，如果他冲不破王励勤、马琳、王皓的阻挡，也会处在一个非常尴尬的境地。

虽然这事过去了这么长时间，但大家一直念念不忘，今天算是给大家一个交代。现在陈玘已经走上了教练岗位，祝愿他能培养出优秀的运动员,为祖国争取更大的荣誉,成为你们心目中永远的"杀神"。

王楚钦

Q&A 2017年05月11日

> **问**
> 吴爸爸~借这个机会希望您能谈谈本次分组分到您门下的王楚钦,不知道吴爸爸怎么评价大头? 这次封训他和您磨合得怎么样? 您比较看重他哪点? 他还需要改进提高哪些方面? 今后又会着重训练他什么? 还有,您是否有给他树立一个目标? 感谢您,鞠躬~

答 今天是大头的生日,首先祝大头生日快乐! 在去年的龙岗封闭训练中,我就注意到了大头。 当时蔡局到龙岗来看望我们的时候,我就给蔡局推荐了大头,我认为这个队员有点希望,蔡局还专门指导了大头的正手进攻训练,指出大头的正手动作有点问题,正手进攻时重心的交换不够。 我认为在现有的年轻队员当中,大头具有一定的条件,如果训练得好,有机会冲出来。 所以在这次返聘以后,让我直接带许昕时,我就提出希望再带一个年轻队员,我看好大头,争取在这两年当中给他打好基础。 最后刘指导和秦指导同意了我的要求,给了我一次带左手横板打法运动员的机会。

我看好大头有几点: 1. 身材好。 2. 有一定的天赋。 3. 比赛能力比训练能力高,比赛经常超水平发挥,有股不服输的劲,谁都想赢。 缺点是自我要求不高，人散，基础差。 我认为只要训练得当，是有机会的，我有信心。 在正式确定带大头以后，我找大头谈话，首先是告诉他我为什么要带他，希望他珍惜这个机会，我只有两年的时间。 大头进国家一队已经快两年了，按照一般的规律，进国家一队三年还打不进主力层就基本上差不多了。 那么这两年对大头太关键了；其次是树立目标，首先是争取在两年之内打进主力层，竞争第五号主力的位置，长远目标是2024年奥运会。 因此，你必须比别人付出更多。 大头也表示能跟着我感到非常幸运，愿意付出自己最大的努力。 所以，在这次封闭训练中，我每天早上加班带着大头和临时分管的二队队员出早操，加强基本功训练，平时队伍调整的时候也加班训练。 目前的训练主要是加强反手强强对抗的意识和能力，以及正手快速衔接的能力和杀伤力。 逐渐改变人散的毛病，使板与板之间的衔接更紧凑。 通过近二十天的训练，大头的技术有了很大的进步。 但平时训练人散的毛病还需要更大的力度去扭转。 现在最好的成效是把大头的积极性调动起来了，能够自觉地加班训练。 但这仅仅是开始，想冲进主力层不是那么容易的事情，需要提高的地方还很多，我会和大头一起努力的。

Q&A 2017年05月15日

问 吴指导您好，以前您接受采访说过您最大的遗憾是杀神陈玘，当时迫不得已分出去了，您这次返聘回来亲自选了大头做弟子，大头和陈玘都是左手横板，您是不是想弥补这个遗憾呢？

答 我这次返聘,主要分管许昕和大头,引起了很多人的联想,都觉得我是想弥补当年陈玘的遗憾,这完全是误会。  我这次返聘的目的,是想用自己多年积累的训练方法和经验为队里再培养点后备力量。 因为现在男队在四大主力之后,还没有明确的后备人才,都处在竞争当中。 所以在确定我再次分管许昕之后,我提出希望带大头。 一是许昕需要加强对左手打法的训练和研究,必须有一个左手运动员共同训练。 如果许昕要参加东京奥运会,必须在对左手打法运动员的比赛成绩上取得绝对的优势。 二是我比较看好大头,觉得他比较有潜力,希望在这两年中给他打好基础,在技术水平上有一个大的突破,争取在东京奥运会后能形成一个以小胖为代表的一个基本阵容去冲击2024年奥运会。 如果大头如我想象的那样,去冲击2020年东京奥运会也不是没有可能。 这只是我的目标,能否实现还是一个未知数。 我对大头说:我带你,只能说明我对你抱有希望,最终的目标必须通过我们共同的努力去实现,通过每一次比赛的胜利去实现,需要付出比别人多得多的努力和心血。 同时调整好心态,冲击主力层会面临很多的失败,一定要有面对失败百折不挠的精神。 切忌好高骛远,摆正位置,脚踏实地走好每一步,珍惜时间,珍惜每一次训练课,珍惜每一个球,珍惜每一次比赛的机会,任何时候都要做到教练在和不在一个样。 希望大头能真正听懂我的话,以一个崭新的面貌投入到今后的训练中去,投入到队里激烈的竞争中去。

郝 帅

Q&A 2017 年 04 月 05 日

问 吴指导,您还带过郝帅,能说说帅哥私底下是怎样的吗? 是"清流"还是"泥石流"? 有没有什么有趣的小故事呀?

答 我曾经带过郝帅三年多,他是在 2003 年 7 月上海封闭训练时,刘国梁指导正式担任男队主教练运动员进行分组时从我的教练组分出去的,当时是把他和陈玘做了个对换。 分组后郝帅看到我对我说: 吴指导不要我啦? 我心里很难过,对他说不是我不要你,是因为你快成为主力了,别的教练组也需要你。 郝帅是个非常聪明、手感非常好的运动员,发球和正手进攻的能力非常强,前三板技术非常细腻。 最大的不足就是正手的杀伤力不够。 当时郝帅刚分到我的训练组里时,对我的训练理念还不服气,我让他练反手他不练,他告诉我他是以正手单面拉为主。我当时就告诉他: 你傻呀,明明横板的优势是能够两面上手,你非要打成单面。 后来郝帅就一直按照我的训练要求进行训练,反手技术有了很大提高,整体实力也有了很大的提升。 我也多次带郝帅参加国际乒联巡回赛,取得了很好的成绩。 在 2002 年厦门封闭训练期间进行的大循环比赛中,他战胜多名主力,获得第二名的好成绩。 在 2003 年的上海封闭训练时的大循环比赛中又获第四名,逐渐迈上了准主力层位置。 但是,在 2005 年上海世界乒乓球锦标赛上,郝帅对丹麦选手梅兹的比赛中,他在大分 3 : 0,第四局小分也一路领先的情况下被梅兹连续放死 5 个高球,痛失大好局面输掉了第四局，最后被梅兹逆转输掉了比赛，交了一次惨痛的学费，这次比赛影响了郝帅的一生。郝帅当时要是战胜了梅兹，进入前四名，对手是马琳，而当时郝帅的整体实力不输马琳。这场比赛的失利，也影响到了 2006 年不来梅世界乒乓球锦标赛团体赛他和马龙之间的竞争。一场球，甚至几分球就会改变运动员的命运，错过机会也许就再也没有下一次啦。竞技体育的残酷性只有当你身在其中的时候才能真正体会到。

方 博

Q&A 2017 年 02 月 28 日

问 吴指导，您好，我是方博的球迷，想问下就这次在直通和卡塔尔的比赛中，您觉得方博小同志是哪些方面做得比较好，哪些方面仍旧需要改进？

答 这次卡塔尔比赛方博发挥不错，除了对张宇镇打得紧张一点，起伏较大。后面的球都打得非常好，对许昕、梁靖崑、小胖的比赛中都发挥出了自己的水平。从方博的技术环节上讲，正手进攻是特长，接发球摆短质量也比较高，反手有相持能力，跑动也非常积极。

现在制约他技术发展的有几个问题：

1. 发球单调，变化不多，关键时刻喜欢发长球搏杀，发别的球心里没数，相信自己的正手；2. 摆短后缺乏进攻手段，台内拧

拉质量不够,挑打威胁不大,搓长防守不好;3.反手相持有能力,但不够自信。

改进的办法:

1.提高发球的变化和种类;2.提高台内拧拉的质量或挑打以及下一板的衔接,形成自己的体系;3.把反手技术进行规范,意识到什么球应该侧身进攻,什么球进行相持。特别需要反手主动抽直线后的衔接,这是相持中最大的意识转变。把自己的技术进行全面组合,形成自己的得分体系。

我这纯粹是站着说话不腰疼,要想改变不是那么容易的事,必须在训练中进行反复的训练摸索,好,就接着干;不好,再调回来。宗旨只有一个,尝试和创新,不去尝试永远不知道好还是不好。马琳、王皓都是这么走过来的。不创新只有死路一条,只能眼睁睁看着后来者一个一个从自己身上踩过去。

Q&A 2017年02月17日

> 问
> 请问吴爸,作为周雨和方博的球迷,可以请您分析一下他俩的技术特点,以及他们冲击东京的话可以从哪方面着手呢?作为迷妹我们可以怎么支持他们呢?

答

方博和周雨在上个奥运周期一直是队里的重点培养对象。

方博在苏州世锦赛上也取得了非常好的成绩,取得了男单亚军,实现了很大的突破。但在苏州世锦赛以后,表现平平,没有完全展现自己的技术实力。在东京奥运会新周期,方博还是

具有冲击的实力的。方博是一个很聪明的运动员，对自己要求很高，他的技术特点是以前三板和正手进攻见长，缺点是反手实力不够自信，喜欢搏杀，基本上是横板单面攻。但为什么没有达到大家对他的预期，我认为主要是在技术的组合上存在一些问题，没有形成自己的技术体系。同时技术的创新不够，整体打法没有太多的变化。要想有所突破，就必须清楚地知道自己的优势在哪里，怎样去形成体系而不是单一的技术。

周雨经过一段时间的徘徊后，去年有了很大的进步，具有很强的相持能力，但前三板的争抢上存在一定的漏洞，临场的变化不够。要想冲击东京奥运会，必须在比赛中有突出的表现，赢得教练组的信任。其次，技术上必须在前三板上狠下功夫，形成自己的技术特点和体系。作为他们的迷妹，只能默默地关注他们，在比赛时给予他们鼓励。

周 雨

Q&A 2017年05月19日

问 吴爸爸，今天是周雨的生日，您对他有什么祝愿吗？觉得周雨还有哪些方面可以加强的？

答 今天是周雨的生日，首先祝周雨生日快乐。周雨在这次封闭训练中表现非常好，对技术特点进行了一些调整和规范。我和周雨在封闭训练中交流也非常多，特别指出到了一定的技术阶段，解决技术上存在的漏洞就是当务之急，所以建议周雨主要解决正手近网短球的漏洞，一定要学会接发球的摆短以及挑打，不能一味追求反手拧，只要这个环节能够有所提高，技术水平就会上一个台阶。 另外正手位的拉球要多拉直线和中路，逼迫对手回球到反手位，这样就能发挥周雨反手好的优点，围绕反手的强势建立技术套路。 我想大家在热身赛周雨对马龙这场比赛中已经看到了周雨技术上的进步。 这对于周雨来讲，只是一个好的开始，很多技术细节还必须在今后的训练和比赛中逐步提高，形成自己的得分体系和技术套路。 机会是靠自己的努力去争取来的，周雨最大的优点就是训练一直非常努力，从不放弃。 希望周雨在新的周期除了刻苦训练以外，还用心去训练和比赛，和对手斗智斗勇，使自己的综合能力更上一层楼，机会永远是留给有准备的人的。

削球手

Q&A 2017 年 02 月 18 日

问 吴指导，想问问您国乒队的削球手对于国家队而言何意义？ 他们是如何接受自己的打法的？

答 国家队的削球运动员都是从各省市队调上来的，他们的打法从小就决定了。 国家队会根据国际比赛中的削球运动员进行针对性训练，因此，打削球很有章法。 一般来讲，削球运动员在国家队内部比赛和全国比赛中很难取得最好成绩，基本处于陪练位置。但在国际比赛中，有些国家的队员打削球的能力很差，我们就会专门派出削球运动员去对付他们。打削球最主要的是正手的进攻能力，只要有力量，再经过专门的训练，打削球就等于是瓮中捉鳖。现在国家队打削球最好的是许昕。

天赋·勤奋
一个懂你的教练

天赋、勤奋、一个懂你的教练

Q&A 2017 年 02 月 16 日

问

吴指导您好！您作为乒乓球界的"金牌教练"，带出了很多优秀的弟子，想问下您作为教练，在带学生过程中的心得是什么呢？您是怎么判断一个学生有没有打球的潜力的呢？您觉得打乒乓球是天赋更重要还是后天的训练更重要呢？谢谢您。

答 我在国家队二十多年最主要的体会是相互尊重，运动员和教练员是相辅相成的关系，沟通是成功的关键。双方都要知道对方在想什么，目标一致才能协调。乒乓球运动员打到最高水平绝对需要天赋，但天赋不是一眼就能看出来的。只有当运动员的技术特点和自己的天赋结合到一起的时候才能在比赛中体现出来。一般来讲，运动员到国家一队以后的前三年非常重要，在队内激烈的竞争环境里能够脱颖而出就一定具有相当的天赋。一个优秀的教练员要能够挖掘出运动员潜在的能力。运动员后天的努力也是非常重要。一个运动员的成功，必须具备几个条件：1.天赋；2.勤奋；3.一个懂你的教练。

Q&A 2017年02月16日

问 吴爸你好，在你参加的所有比赛中，让你最难忘的一件事是什么？

答 在我参加的所有比赛中，最难忘的是北京奥运会乒乓球男单决赛马琳对王皓的比赛。我在接受2008年4月的《乒乓世界》杂志采访时谈到了对北京奥运会的展望，我讲了几点：第一是希望马琳和王皓都能在队内竞争中出现，首先拿下团体冠军；其次是马琳和王皓在男单决赛时会师。没想到愿望实现的时候却是如此的残酷，这是一场谁也输不起的比赛。马琳输了，他就可能很快退役，三届世锦赛亚军，心理素质不好的评价已经压得他抬不起头来，奥运会失败就是压垮他的最后一根稻草。王皓输了，将是连续两次奥运会亚军，心理的调节将会十分痛苦和漫长，怎样去面对2012奥运会。从2012考虑，继科、马龙都是新兵，只有王皓才有可能以老带新。所以这场比

PING PONG INTERESTING

赛对我来讲每一个球的输赢都是一种折磨和煎熬，完全没有胜利的喜悦。终生难忘。

Q&A 2017 年 02 月 17 日

问 吴教练，您好！如果孩子喜欢乒乓球，希望以后能像马龙、张继科那样参加奥运会为国争光，作为父母应该从小怎么样教育孩子？需要为孩子做什么，应该如何计划？从孩子几岁开始练习比较好？希望您能给个建议和指导。谢谢！

答 非常高兴你有将孩子培养成张继科、马龙那样的世界冠军的愿望。这是很多家长都非常关心的问题。首先一点是要培养孩子打乒乓球的兴趣，顺其自然，不要强求。现在很多孩子从4、5岁就开始学打乒乓球。刚开始学的时候一定要在教练的指导下进行，有一个基本正确的动作。同时要从小教育孩子，做运动员是非常辛苦的，需要有吃苦耐劳的精神和毅力。家长也要做好思想准备，要有孩子将来打不出来的思想准备。如果没问题，你就需要义无反顾地走下去。

小孩能否成材谁也不能肯定，但有些现象能够观察得到：1.手上对球的感觉，就是打球时球不乱跑，击球点很稳定，上手很快。这就是通常说的手感，非常重要。2.有一定基本功以后看他对旋转球的控制能力。对旋转球的理解是打好球的基础。这种感觉有的是天生的，有的是后天培养的。3.动作要协调，柔韧性好，不生硬。4.体质好，能吃苦。这些一般经过专业训练的运动员做教练后都能看出来。 刚开始学的时候一定要边学习边训练，作为业余爱好。 当真感觉有点苗头的时候再考虑是否下决心打球，要慎重，关系到孩子将来的命运，多听听教练的意见。 运动员是否具有天赋要到 12—15 岁才能大概看到，但也不绝对。 所以，刚开始的时候对孩子绝对不能抱太大的希望，边打边看。 这样就会有一个好心态。

Q&A 2017 年 03 月 01 日

问 吴指导，到现在我都很佩服您，作为直板教练的您，在横板领域能带出樊振东这样的高徒，您是怎么做到的？ 把直板领域的许昕也带入了一个新的高度，您究竟投入了多大的心血？ 期间最大的挑战是什么？能分享一下吗？

答 其实作为教练，没有直板教练和横板教练一说，只是说教练员在运动员时期是直板打法还是横板打法。 作为教练员最大的挑战是因材施教，根据每个运动员的特点进行训练，让他们能够达到自己能力的高峰。 而不是让运动员来适应教练员的特点。 作为教练员必须学习学习再学习，根据世界乒乓球技术发展的方向去把握乒乓球技术训练的规律，并形成自己的训练理念和训练方法。 我的训练理念和训练方法都是在向蔡局和刘国梁总教练学习的过程中不断地提高的，在和运动员交流总结训练的得失中不断丰富训练方法。 一个好教练不光要发现问题，更重要的是要解决问题。 这就需要教练员有理论基础，有钻研精神

和敬业精神，需要训练方法的积累和不断创新的精神。 我在国家队做教练员二十多年，最大的愿望就是要把运动员从一张白纸培养成世界冠军和奥运冠军，就是这个信念支撑着我克服重重困难走到了今天，北京奥运会马琳和王皓的单打决赛是我一生中最值得骄傲的时刻。

Q&A 2017年03月09日

问 吴教练，想问您一个跟乒乓球无关的问题。 很多名人都把提问费用设置得很高，理由是问问题的人太多，回复不过来，但您为什么把费用设置得这么低呢？ 好敬佩您！

答 因为我的目的是通过微博问答这个平台给大家解答一些关心的问题，普及一些乒乓球知识和技术上的问题，这些问题都是你们平常不可能接触到的，也不可能有人来给你们解答。 每天提问的人非常多，我根本问答不过来，只能挑选对大家有一点帮助的问题，这也考验你们提问的水平，怎么才能引起我的注意。 定66元是取顺的意思，也不想加大提问人的负担。 只有你们踊跃提问，我才知道应该回答什么。 让我自己讲，真不知道你们关心的是什么。 也想通过微博问答，让大家对乒乓球队有一个更加全面深入的认识，对乒乓球这项运动的魅力有更深的了解，从而真正喜欢上乒乓球，带动更多的人参与到乒乓球运动当中，也让大家了解到，不管是教练员还是运动员的付出是多么的不容易。 乒乓球的长盛不衰凝聚了几代人的心血，我希望在

我们的手里能够继续传承，发扬光大。没有乒乓球队这个光荣团队，就没有我的今天，我有责任把我二十几年在国家队积累的经验与大家分享，在我退休后做点力所能及的事。

Q&A 2017 年 03 月 10 日

问 吴爸爸，想问您在国家队团结友爱、拼搏奋斗的这么多年，感受是什么？有没有让您很感动、印象很深刻的一些瞬间？您是一个泪点低、感情丰富的人，本可以退休了，又被返聘回队，现在又回到直通给小胖他们做场外，您对国家队一定有不可割舍的感情吧！

答 我最大的感受就是感恩蔡振华，感恩乒乓球队这个光荣的团队。在这个光荣的团队里，实现了自己的梦想：亲手把运动员从一张白纸培养成奥运冠军和世界冠军。实现了自己的人生价值。最让我感动的是在我刚到国家队任男一队教练的时候，蔡指导的帮助和信任。当时我的资历太浅，受到了很大的非议，当运动员没进过国家队，当教练员仅是四川二队一般教练，蔡指导调我到国家队的时候，我是四川乒乓球队领队。当大家都在质疑我的时候，是蔡指导的一句话"老吴，我信任你"让我泪流满面。就是这一句话，让我在乒乓球队无怨无悔地一干就是二十多年。没有蔡振华，没有中国乒乓球队，就没有我的今天。所以，尽管我现在已经退休，只要队里需要，我都会义无反顾地去奉献自己的一切。

Q&A 2017年03月14日

问 吴指导您好！您培养了那么多世界冠军。能给我们介绍一下您的训练理念吗？

答 作为一个教练员，训练的理念非常重要，直接关系到你所培养的运动员的前途。蔡局在担任总教练的时候经常强调，带出一个两个世界冠军不算好教练，能够在不同时期都带出世界冠军才算是好教练。要求教练员形成自己的训练理念和特点。回头总结，我深感自己的成功正是在教学的过程中不断总结经验教训，不断学习，逐步形成自己的训练理念和方法手段的结果。

我的训练理念是：技术先进是根本，细节决定成败。在训练马琳、秦志戬、陈玘、李平的过程，是在积累，在训练王皓时逐渐形成了自己的训练理念，训练樊振东、许昕、林高远是熟练运用。

李平是国家队横板运动员中第一个学习反手台内拧拉的，在和曹臻配混双夺得世锦赛冠军时，李平的反手拧拉起了非常大的作用；王皓从反面拧拉开始到形成反手体系的过程，就是我训练理念转变——从传统的攻防转换到强强对抗的过程。强强对抗就是板板主动发力进攻，没有防守，是反面与反手、反面与对方正手的对抗。以前当对手正手进攻时，我们都是先防守，在防守时再找机会转攻。在王皓的训练中，一开始反面衔接就很凶，全是主动发力。但也考虑到如果能防一板再转攻不是更好吗？也曾经这样训练过，结果是在比赛中防守后就没有机会转攻了，最后还是回到了强强对抗上，坚定不移地走下去。王皓之所以三次奥运会单打进决赛，靠的就是技术先进；樊振东的迅速崛起也不是偶然，在一开始训练樊振东时就强调反手的连续发力，绝不给对手任何喘气的机会，抽了斜线抽直线，打法非常凶狠，连樊振东自己也怀疑，比赛能打出这种球来吗？ 我告诉小胖，这不是搏杀，一旦掌握就是你的技术风格，是在高质量上的衔接。 我相信当你们在比赛中看到小胖抽直线的时候心里是很舒爽的，觉得过瘾；接手许昕后我对许昕进行了很大程度上的改造，按照直板打法的特点进行训练，强调了正手进攻的凶狠性，接发球的快摆短，下旋球的爆冲，反面的快抽。 虽然由于时间太短，练的技术太多，目前还没有达到我的要求，但和过去相比已经有了非常大的变化；林高远的反手也是按这个思路训练的，天天和小胖训练抽斜线和小胖的正手对抗，然后抽直线。 今年直通比赛也让大家看到了林高远反手强强对抗的实力。

训练理念形成后，训练方法和手段就非常重要，要让它们来体现你的训练理念。 细节决定成败，每一个技术动作的要领，每一板击球落点以及下一板的衔接，每一个技术套路的形成，都需要教练员根据运动员的技术特点进行组合，形成运动员的技术得分体系。 这是对教练员执教能力的真正考验。

Q&A 2017 年 03 月 16 日

问

吴爸爸，人都是欣赏与自己相同性格的人，您这么喜欢小胖，是在他身上看到自己的影子了吗？ 吴爸爸年轻的时候是不是性格也像小胖一样干净、懂事、老实，有心劲儿？

答 你别说在这之前我还真没想过这个问题,仔细一想还真有点像。 我从小打乒乓球纯属个人爱好,没进过业余体校,没人教我怎样打乒乓球,属于打野球出身。 偶然的机会进了四川乒乓球队,没人看得起我,没教练,自己练,一年后打四川队主力。 偶然的机会到国家队做教练,资历浅,非议多。 自己闷头边学边干,结果成了著名教练。 自己心里有目标和追求,这一点小胖特别像我。 我喜欢小胖是因为小胖太可爱啦,集中了运动员的很多优点: 聪明、有天赋、少年老成很懂事,而且有一定的文化底蕴,有目标,非常自律,心理素质好,关键时刻敢于出手而且命中率很高,性格开朗坦荡,敢于交心,训练刻苦认真,有自己的思想。 真是不可多得的运动员。 在和他的交流中随时能感到他的用心和成熟,一步一步坚定踏实地迈向自己的目标。 所以我一直说感谢刘指导在我退休之际又给了我这么好的队员,虽然我没有机会亲手把小胖带成大满贯运动员,但能在此之前给他打下坚实的基础也是我值得骄傲的地方,我会看着他实现自己的梦想,这一天一定会到来。

Q&A 2017年03月21日

问 哈喽! 吴爸爸,好想问你下! 您初识乒乓球的时候是怎么样的啊? 和我们平常人一样的吗? 有没有有趣的事呀!

答 我是在四川省隆昌县龙市镇长大的，那里有"乒乓球之乡"的称号，参加县、地区、省的比赛都有好的成绩。 我从小受父亲的影响喜欢打乒乓球，但我母亲反对，说你又不靠打乒乓球吃饭（没想到还预言成真）。 我没有接受过业余体校的训练，纯粹是打野球出身。 下课就在水泥台上争霸，谁赢就继续打。 文化大革命时我小学毕业，由于我父亲是中学校长，走资派的儿子不许上中学。 我就在家玩了三年，没事就和我爸学校老师的孩子打乒乓球，经常代表龙市镇参加县的少年比赛，代表县参加地区的少年比赛。 当时我的水平在地区属于前三名。 后来偶然的机会进了四川省体工队，又偶然的机会进了国家队做教练员，一直走到了今天。 我最大的体会就是机会永远是留给有准备的人的。 在我每一次人生的重大转折点都把握住了唯一的机会，才有了今天的成果。

我一直非常感谢我的父母，他们教给了我最好的品质：正直、勤奋、善良、宽厚。 这是我走到哪儿都能得到别人帮助的深层次原因。 我印象最深的就是 1972 年 1 月 8 日上午，突然接到县体委的通知，中午必须到县体委报到，参加省里的乒乓球集训。 当时天下着小雨，由于完全没有准备，我穿着顶破了洞的解放鞋，背着一床棉絮，带着一床草席，骑着从学校借的自行车，赶了 20 公里路准时到县体委报到。 现在想起那一副狼狈样也直乐。 所以我和你们一样是一个普通得不能再普通的人，只不过是命运把我推到了一个特殊的位置。 现在我退休了，也就回归自然，抽时间和你们唠唠家常，成了你们眼中的退休老头。 哈哈哈！ 见笑！

Q&A 2017年03月25日

问 吴老师,我也想问问,您和肖指导都来自被喻为"天府之国"的四川,你们在赛场上如何斗智斗勇?场下如何互相帮助?

答 我和肖指导都来自四川,肖指导的爷爷是四川隆昌县二中的教师,我爸爸是四川隆昌县六中的校长。肖指导的爸爸是我的教练,肖指导的弟弟是我的徒弟,这个辈分全乱了。那你们说继科跟马琳、王皓、许昕和小胖是什么关系?哈哈。

我很喜欢肖指导的性格,贼亮的秃顶彰显着男人的气质:豪爽、侠义、激情、细致、敢为朋友两肋插刀。我开微博半年多了,粉丝不到四万五,他一开微博三天圈粉五万多,手机里全是嗡嗡嗡的声音,自愧不如呀!肖指导最喜欢打羽毛球,绝对业余高手,一下来马上扎针灸。继科为了奥运会哪怕打十针封闭也干,真是一脉相传啊!肖指导在我们教练组以细致著称,忧患意识特别强。为了继科2012年奥运会,收集了非常多对手的比赛录像,只要有一点点可能对继科构成威胁的运动员也决不放过,堪称资料库。只要他一"嗡嗡嗡",科研人员立马就把对手分析得底朝天。我一个人带四个人琢磨张继科,肖指导一个人带张继科琢磨我四个。但我和肖指导关系非常融洽,在肖指导最困难的时候,是我主动和他交流,让他借鉴王皓训练的经验,帮助继科解决一些技术上的问题。还经常就方博、闫安的问题进行交流。在肖指导身上我也学到了他的拼搏精神:每天最后一个走出训练馆,抓了继科抓方博,抓了方博抓闫安。多球训练每天给继科拔上旋球，为了让发的球转，胳膊都快拔断了，真是心疼肖指导。我年纪大了，只能多球单练，实在要拔只能让林高远、周启豪拔。当鹿特丹世乒赛男单决赛张继科战胜王皓夺冠后，我见着蔡局，对蔡局说：老肖太需要这个冠军了。当蔡局把我的话转告肖指导的时候，他已经感动得不行了。其实在比赛的时候我最怕肖指导的"嗡嗡嗡"，他坐在我身边不停地总结，结果继科赢了，王皓输了。他的"嗡嗡嗡"比"死亡凝视"还恐怖。虽然继科老说烦肖指导的"嗡嗡嗡"，但有时没有肖指导的"嗡嗡嗡"他还真不会打球了。继科敢于挑战任何人的性格和肖指导的忧患意识是绝配，换了别人还真不行。

我总是带着四个人斗地主，结果被地主拿了大满贯，我只能检讨自己性格上的问题。我们在外面调整休息的时候，也偶尔和肖指导打打斗地主。我记得有一次国梁、肖指导和我三个人斗地主，由于肖指导忧患意识特别强，每次当地主，一看缺张，就觉得有炸弹，出得特别小心。我们就抓住肖指导的心理，只要有三张的决不轻易出，让他一直在享受被炸弹支配的恐惧，最后的结果你们懂的：球打不赢，只能在牌上找回点面子。所以才有伦敦奥运会我、马琳、肖指导斗地主的笑谈。

Q&A 2017年04月05日

问 吴爸爸您好，印象中惩罚队员最狠的是哪一次呢？心里是什么感受啊？

答 我在国家队二十多年的经历里,罚队员最狠的一次应该是在北京奥运会之前的封闭训练时对马琳的惩罚。 当时是在上午,教练组专门对参赛队员进行针对性比赛,挑选他们各自最难打的运动员。 马琳的对手是詹健,这场比赛马琳打得非常不好,在遇到困难的时候没有尽全力去扭转,而是有些放弃。 比赛结束后在总结的时候刘指导对马琳狠狠地进行了批评,并罚跑一万米,下午比赛重打。 训练结束后我陪马琳去田径场跑25圈,马琳心里不服,超过了25圈也不下来,继续跑,一共跑了30圈才下来。 我说你干吗呢,他说你不就是想让我跑吗,多跑几圈又咋啦。 下午比赛继续进行,全体队员就看马琳和詹健比赛,结果马琳又输了。 刘指导对马琳的表现仍然不满意,认为他有不满情绪,对比赛是应付,再罚跑一万米,晚上比赛再打。 我下来批评了马琳,告诉他这种态度是非常错误的,如果在奥运会上遇到这种情况你怎么办? 你能放弃吗? 教练员这么处罚你,是因为你没有想办法去克服困难,而不在于你的输赢,态度决定一切。 马琳又老老实实地跑了25圈。 下来后刘指导也给马琳谈话,指出了马琳的问题所在,并要求马琳以积极的态度,尽全力去打好比赛,作为奥运会前对自己的一次磨练。 晚上比赛继续进行,结果马琳还是输了。 但由于马琳真是尽力了,再加上体力消耗太大,虽然球输了,但对马琳确实起到了磨练的效果,所以此事到此结束。 这种做法看上去很不讲道理,但在奥运会比赛场上对手会给你讲道理吗? 而主力队员一般情况下不容易犯错误,只能在他们偶尔犯错误的时候抓住机会狠狠地敲打他们,磨练他们的意志。 而在北京奥运会团体半决赛的时候,马琳遇到了他最怕的对手吴尚垠,大分1:2落后,第四局8:8时,马琳非常果断地连续发了两个正手近网短球侧身抢攻得分,10:10后拿下了第四局,第五局吴尚垠就溃不成军2:3输给了马琳。 要不是有平时的磨练,马琳在遇到困难时熬不住输给了

吴尚垠,那还有马琳的两块金牌吗?

细节决定成败,只有想不到,没有做不到。

Q&A 2017 年 04 月 06 日

问 吴爸爸好!看到竞聘结果,先恭喜您的两位爱徒、我的两位爱豆王皓和马琳都如愿回到国家队执教!其实球迷对他们俩的球风都比较了解了,但是对他们的执教风格还不了解,吴爸爸能否谈一谈两位年轻的指导在执教上各有什么特点?是否已经形成风格?教练们执教风格的形成和他们运动员时期的经历有很大关系吗?

答 看到竞聘结果马琳、王皓正式成为国家男一队教练员,非常高兴,表示衷心的祝贺。他们的加入,使教练队伍充满了活力,他们的运动员经历将会给运动员带来宝贵的经验。

马琳、王皓是两个完全不同的直板打法,各自的特点都十分鲜明,他们转型当教练员以后,会从不同的角度给运动员带来新的理念。自从马琳、王皓回到省市队以后,在担任教练员的过程中有很多的体会,在回到国家队担任教练员以后,会逐渐形成自己的教学风格,这也有个积累的过程。现在对他们最大的挑战是要把自己当运动员时的经验和教训转化为执教能力,根据运动员的特点因材施教。

从王皓来讲,对反手体系的体会比谁都深,怎样在教学中让运动员能够真正掌握并处理好正反手的关系对王皓是个挑战,同时王皓还肩负着把直板横打打法发扬光大的重任。

马琳对正手击球的体会非常深刻，前三板技术也非常细腻，在现在运动员过多地依赖反手拧拉的情况下，怎样丰富运动员的得分手段对马琳今后的教学是个考验。

作为教练员，最重要的是因材施教，而不是让运动员来适应教练员的教学特点。衷心希望马琳、王皓在教练员岗位上为培养出更多的优秀运动员而努力奋斗，让乒乓球队的精神得到更好的传承和发扬。

Q&A 2017年04月09日

问 吴爸爸您好，教练员与运动员之间需要磨合期，建立长久的信任也需要一定的时间，请问您当时在接手小胖的时候，你们之间发生了哪些事情又是如何建立信任的呢？那这次男队将会有一个比较大的变动会对球队有哪些影响呢？

答 我接手小胖的时候，由于我的成绩很突出，因此小胖对我是充分的信任，不会怀疑我的教学能力。主要的问题是双方是否能够正常沟通，这非常重要，沟通是加深双方了解的重要渠道。因此，在接手的第一天，我就直接告诉小胖，不管你心里有什么想法，一定要告诉我，千万别不好意思，不要怕说错面子上过不去。我知道你的想法后，会告诉你该怎么去看待这些问题。所以从一开始我和小胖就能很好地沟通，他也很信任我，按照我的训练要求去做，一步一个脚印地提高自己技术和综合能力。

这次教练员竞聘的结果公布后,大家对新教练员班子和运动员的磨合有些担心,因为大赛在即,时间又短。其实大家不用过于担心,这次男队教练员变动很大,是因为刘指导辞去了男队主教练的职务,我又退休,肖指导又去了女队,造成了教练员的大面积变动。由于秦指导担任男队主教练以后就不会再带队员,四个主力队员都面临换主管教练的问题。不管是继科、马龙,还是许昕、小胖,经过这么多大赛的锻炼和多年训练的积累,已经形成了自己的技术风格和技术定型。在与新的主管教练不管是马琳、王皓还是刘国正的沟通中都不会存在问题。马琳、王皓在运动员时期也给过继科、马龙很多的帮助,互相的信任也不会有什么问题。从马琳、王皓、刘国正他们打球的经历和自身的技术特点来看,都会对他们有帮助,会给运动员带来新的训练理念和新的训练方法,所以这个磨合期不会太长。而且刘总教练和秦指导也在,随时能够给予教练员和运动员帮助,加快教练员和运动员之间的磨合速度。我相信新的教练员团队在刘指导和秦指导的带领下,一定能够以崭新的面貌迎接 2020 年东京奥运会的挑战,续写辉煌!

Q&A 2017 年 04 月 28 日

> **问**
>
> 吴爸,以前的文章中有提到您做场外指导时特别有激情,以至于很多女队员都想让您指导,记得看关于李隼指导的采访时,他说和女队员相处就像过日子,那么冒昧问一下,如果给您一次机会,您会选择去女队做主管教练吗?盼复,谢谢吴爸,您辛苦了!

答 其实我心里一直有个愿望没有实现,就是想去女队当教练,看我的训练理念是否适合女运动员。 在2008年北京奥运会之前,王皓曾经问过我,能否带他到2012年? 当时我没有给他肯定的回答,因为我也不知道2008年奥运会以后我在哪。 我当时想的是北京奥运会,如果王皓拿了奥运会单打冠军,马琳应该很快就会退役。 此时由于每次大赛都失败,应该再也没有力量支撑马琳继续走下去了,王皓也成熟了,我就想去女队帮帮施之皓,去实现我的另一个愿望。 结果马琳拿了奥运会单打冠军,王皓非常失望和痛苦,在这种情况下我不能离开王皓,毫不犹豫地决定陪着王皓去战胜自己,继续走向2012年,直到他退役。 从这之后,我就再也没有机会去女队了。 不过说实话,给我机会让我选择的话我还是会选择在男队,因为男队代表的是世界最高水平,非常具有挑战性,对教练员的执教水平是真正的考验。 而且男子运动员打球有激情,有个性,开朗阳光,和他们相处感觉自己也一直年轻。 我想去女队当教练仅仅是想证实一下自己的训练理念,其实我私下教过很多女运动员,王楠、李晓霞、郭焱、刘诗雯、朱雨玲,我的训练理念都给她们带来了一定的帮助和影响,使她们的技术都有不同程度的改变,也得到了她们的信任。 只不过要长期带女运动员那又是另外一种感觉了,现在退休了,只能偶尔和女队的队员进行一些交流,那种愿望已经不复存在。

Q&A 2017年05月11日

问 吴爸爸，是什么原因让您最终决定重新回来、返聘两年呢？返聘和退休有什么区别呢，为什么不可以出去带比赛呢，未来两年您有什么执教规划呢？谢谢吴爸爸。

答 这次我能返聘回队直接带队员也超出了我的想象。从里约奥运会后我就开始了自己的退休生活，但心里始终没有放下，随时关注着队员的情况和教练员竞聘的事，希望小胖和许昕能尽早落实主管教练。亚锦赛许昕输球刺痛了我，许昕从奥运会输球后一直没能走出阴影，连输外战，特别是再次输给日本队左手运动员。我自己也感到很自责，由于许昕打左手成绩一直很好，掩盖了他对抗左手战术体系的不足，没有专门针对左手打法进行系统的针对性训练和形成战术体系。当许昕在奥运会上输给水谷隼后，看他在比赛中运用的战术，马上意识到了这个问题。可是我已经退休，没有立场去帮他走出阴影和解决技术上存在的问题，只能是抽空和许昕聊一聊，还得依靠教练组和许昕的沟通来解决。所以在教练员竞聘后，刘总教练希望我在教练队伍大换血的情况下能够继续发挥老教练的作用返聘回队，在征求我的意见时，我立刻就答应了，我想尽我最大的努力去帮助小胖和许昕的主管教练做好工作。所以我在直通比赛时客串教练，临时负责我原来组里分管队员的场外指导。在龙岗封闭训练期间，教练组最后决定让我分管许昕和王楚钦，这让我非常高兴。在许昕最困难的时候，我可以尽我的全力去帮助他，特别是在改用新球之后，和许昕一道去面临新的挑战，不管是心理上的还是技战术上的，

这是我接受返聘的最大动力。至于小胖，王皓接手以后非常用心，经常主动和我交流，我也主动和小胖交流，使王皓和小胖尽快融合。返聘以后最大的问题就是不能带队出去参加国际比赛，这是由国家体育总局的规定决定的，唯一的办法就是在大赛的时候，去所在国旅游。至于未来两年的规划，就是希望使许昕在心理和技术打法上有所突破，毕竟又赢来了两年的宝贵时间，希望他能理直气壮地走向 2020 年东京奥运会。其次是给王楚钦打好基础，争取两年后能够进入主力层，为 2024 年做好准备。

Q&A 2017 年 05 月 12 日

问 吴爸爸，问一个至关重要的问题。您能否详细解读一下这次分组的师徒组合？有哪些深意？

答 这次国胖队奥运新周期教练员班子的大调整，从教练员竞聘到教练员的分工，引起了大家的高度关注。特别男队运动员的分组更是牵动着球迷们的心，分工出来后，大家的议论也很多。我个人认为这次男队教练员的分组是经过深思熟虑的，考虑到了教练员和运动员双方的需求。从这次封闭训练的情况来看，教练员和运动员之间的磨合很快，相互的配合越来越默契。

刘国正这组，主要任务是抓好继科，在克服伤病的前提下，保持高水平的竞技状态。这对刘国正也是一个很大的挑战，继科和马龙目前是队伍的核心，国正和继科的融合非常重要。国正也有他的优势，在二队担任了很长时间的主教练，有丰富的管理经验，当运动员时期正手技术非常好，也是大心脏，和继科有相似之处，很容易沟通。而且继科的技术体系非常成熟，不会有大的修改，只要根据规则的变化进行一些调整即可。继科目前最主要的挑战就是控制伤病，只要这个问题能做好，打到东京奥运会是没有问题的。其次国正的任务是带好方博和培养年轻一代，重点在梁靖崑身上，他具备了一定的能力，也是目前队伍的培养对象，能否冲击主力层取决于今后的训练和比赛。

马琳这组，绝对重点就是马龙，两人都是擅打变化的主，心理、技术都有太多的相似之处。马琳的经验和教训能给马龙的第二次起飞带来很大的帮助，在这次封闭训练中两人配合非常默契，马琳主动去深入了解马龙，马龙也很信任马琳，套路很多，比赛结束了套路还没用完，王皓和小胖真得小心了。

王皓这组绝对重点是小胖，关系到2020年东京奥运会的成败，小胖在新的奥运周期任务很重，处在破茧成蝶的重要阶段。小胖的技术体系和王皓的技术体系非常相似，王皓的经验能给小胖带来质的飞跃。对王皓的考验是能否把自己对技术的理解转化到小胖的技术体系中去，同时在心智上帮助小胖更加成熟。在这次封闭训练中，王皓和我、我和小胖都有很多的交流。其次是对薛飞的培养，能否使直板横打技术在薛飞身上得到传承。

至于我，任务很明确，帮助许昕在心理上和技术上有所突破。目前许昕处在他运动生涯最困难的时期，能否触底反弹对我和许昕都是巨大的挑战。从封闭训练的情况来看还是很满意的，许昕的自我要求和技术特点组合都有了很大进步。现在最主要的还是心理的磨练，过硬的心理是发挥技术的保证，在比赛之前加大对许昕人的磨练比技术训练更重要。其次是加大对王楚钦的培养力度，大头有特点，但问题也很多，需要脚踏实地去走，打好基础和增强技术实力是关键。

由于字数太多，刘恒指导和马俊峰指导的组就不再细说了，刘恒组的重点在林高远身上，马俊峰组的重点在周雨身上。这些都是我个人的理解。

Q&A 2017 年 05 月 21 日

问 吴爸爸,求翻牌,李武军记者说,这个奶奶在每次国乒队出征前都会过来送行,大家都不太熟悉,吴爸爸,可以介绍一下这个奶奶吗?跟国乒队是不是有很深的感情,有趣味事可以分享吗?

答 这位老奶奶叫袁素芬,退休以前是国家乒乓球队的队医,专业是护士,负责队里运动员的内科保健。由于袁大夫对待队里的每一位教练和运动员的伤病都非常认真,赢得了全队上下的尊重,都亲切地称袁大夫为"大妈"。袁大妈是护士出身,和北京很多医院的老护士长都非常熟悉,当教练员和运动员(包括教练员家属和运动员家属)出现伤病的时候,都不辞辛苦地去和医院联系,提供最好最快捷的治疗。因此,和全队教练员、运动员都建立了非常深厚的感情,大家有伤病的时候第一反应就是找袁大妈。即使袁大妈退休以后,只要是教练员、运动员有什么问题,袁大妈都亲自带领他们去医院,忙上忙下。最主要的是运动员谈恋爱后,都要到袁大妈家去汇报,让袁大妈看看,给参考参考。袁大妈在教练员和运动员心目中具有很重要的位置,袁大妈对乒乓球队也有着非同一般的深厚感情,永远牵挂着队里的每一个人。所以每次乒乓球队出征世界大赛,袁大妈都要亲自到训练局给出征将士送行,回来的时候都要到机场去迎接。你们想多了解运动员秘密的话……你们懂的。

后记

在上海社会科学院出版社的大力支持和努力下，这本以微博问答为基础的小书终于与广大读者见面了。

这本书的出版纯属偶然，当初我退休在家，在新浪微博开通了微博问答。初衷是想通过这个平台，把自己几十年来在国家队积累的乒乓球训练经验与大家交流，给那些从事乒乓球专业训练的小运动员一些技术上的指导。

其次，我也想通过微博问答的形式，给里约奥运会后大量涌现的"迷妹"（也包括"迷弟"）介绍一些乒乓球的基本知识。他们因欣赏运动员们的个人魅力、在比赛场上的拼搏精神、优异的比赛成绩而"追星"。我想通过一些对乒乓球比赛和相关问题的解读，使他们进一步了解乒乓球运动的魅力和深刻内涵，从迷妹变成球迷，甚至影响他们的下一代。使乒乓球运动后继有人，完成从乒乓球迷的老龄化向年轻化的转变。

自从我开通微博问答以来，回答了球迷和迷妹们提出的各种问题，收到了出乎我预料的效果，很多人甚至把阅读我的微博问答作为每天都期待的事，随时等待我的更新。在这种情况下，我和"吴家酱"的几位粉丝进行了合作，她们帮我收集每一次的微博问答并进行整理，修改病句和错别字。非常感谢"吴家酱"的几位粉丝为这本书的出版所作的贡献和努力，没有你们也就没有这本书的出版。最后，希望大家能够喜欢这本书，也希望大家阅读后能够给我提出宝贵的意见。谢谢大家！

图书在版编目(CIP)数据

乒乓球有意思 / 吴敬平著 .— 上海：上海社会科学院出版社，2017
 ISBN 978-7-5520-2152-3

Ⅰ.①乒… Ⅱ.①吴… Ⅲ.①乒乓球运动-基本知识 Ⅳ.①G846

中国版本图书馆 CIP 数据核字(2017)第 256647 号

乒乓球有意思

著　　者：吴敬平
策划编辑：曹海月
责任编辑：应韶荃　袁钰超
封面设计：黄婧昉
出版发行：上海社会科学院出版社
　　　　　上海顺昌路 622 号　邮编 200025
　　　　　电话总机 021－63315947　销售热线 021－53063735
　　　　　https://cbs.sass.org.cn　E-mail：sassp@sassp.cn
照　　版：南京前锦排版服务有限公司
印　　刷：常熟市大宏印刷有限公司
开　　本：890 毫米×1240 毫米　1/32
印　　张：7.625
插　　页：8
字　　数：250 千
版　　次：2018 年 2 月第 1 版　2024 年 12 月第 7 次印刷

ISBN 978－7－5520－2152－3/G・703　　定价：45.00 元

版权所有　翻印必究